EDUCAR para a
DIVERSIDADE:
entrelaçando redes, saberes e identidades

EDUCAR para a
DIVERSIDADE:
entrelaçando redes, saberes e identidades

Cláudia Regina de Paula

 **EDITORA intersaberes** Rua Clara Vendramin, 58 – Mossunguê – CEP 81200-170 – Curitiba – PR – Brasil
Fone: (41) 2106-4170 – www.intersaberes.com – editora@editoraintersaberes.com.br

Conselho editorial
Dr. Ivo José Both (presidente)
Dr.ª Elena Godoy
Dr. Nelson Luís Dias
Dr. Neri dos Santos
Dr. Ulf Gregor Baranow

Editora-chefe
Lindsay Azambuja

Supervisora editorial
Ariadne Nunes Wenger

Analista editorial
Ariel Martins

Análise de informação
Silvia Kasprzak

Revisão de texto
Keila Nunes Moreira

Capa, projeto gráfico e diagramação
Regiane Rosa

Ilustrações
ZNORT Ilustradores

Iconografia
Danielle Scholtz

Dados Internacionais de Catalogação na Publicação (CIP)
(Câmara Brasileira do Livro, SP, Brasil)

Paula, Cláudia Regina de
 Educar para a diversidade: entrelaçando redes, saberes
e identidades / Cláudia Regina de Paula. – Curitiba:
InterSaberes, 2013.

 Bibliografia.
 ISBN 978-85-8212-317-1

 1. Desigualdade social. 2. Diversidade cultural.
3. Educação. 4. Educação multicultural. 5. Inclusão
social. 6. Multiculturalismo. I. Título.

12-09115   CDD-306.43

Índices para catálogo sistemático:
1. Educação e diversidade cultural:
Sociologia educacional   306.43

1ª edição, 2013.
Foi feito o depósito legal.

Informamos que é de inteira responsabilidade
da autora a emissão de conceitos.

Nenhuma parte desta publicação poderá ser
reproduzida por qualquer meio ou forma sem
a prévia autorização da Editora InterSaberes.

A violação dos direitos autorais é crime estabelecido na Lei nº 9.610/1998 e punido pelo art. 184 do Código Penal.

Sumário

Apresentação, 7

Introdução, 11

1 Desigualdades: uma produção social, 23
2 Eu e o outro: narrativas de desigualdades?, 33
3 A ilusão da cidadania, 43
4 Identidades plurais, 59
5 Identidades de gênero, 69
6 Racismo à brasileira, 89
7 Multi/Interculturalismo em sala de aula, 109

Considerações finais, 119

Referências, 123

Sobre a autora, 137

Apresentação

Em 2008 completamos 20 anos da Constituição Cidadã, 60 anos da Declaração Universal dos Direitos Humanos pela Organização das Nações Unidas (ONU), 18 anos do Estatuto da Criança e do Adolescente (ECA) e, em 2009, 50 anos da Declaração Universal dos Direitos das Crianças pelo Fundo das Nações Unidas para a Infância (Unicef). Esse conjunto de direitos e conquistas da humanidade incorporou políticas públicas e sociais na agenda dos governos. Entretanto, ainda há muito o que fazer para edificar a pessoa humana. Este livro deseja contribuir para quebrar o silêncio diante da realidade social de discriminação e exclusão vivenciada por muitos homens, mulheres e crianças, rever historicamente conceitos apagados da memória coletiva, além de resgatar o papel da sociedade civil (inclusive da escola) no encaminhamento de demandas do conjunto das populações marginalizadas ao poder público. Esperamos com isso romper as fronteiras simbólicas e reais que naturalizam e hierarquizam a condição humana e, quem sabe, abrir caminhos rumo a uma práxis pedagógica que contemple a diversidade dos povos, as diferenças individuais e combata preconceitos e estereótipos instituídos. Tais perspectivas baseiam-se nos Estudos Culturais[*] e não estão enquadradas em um campo disciplinar, mas situam-se numa agenda de envolvimento social, político e cultural.

O presente livro está organizado em capítulos nos quais somos convidados a compartilhar da leitura do mosaico, uma leitura complementar que busca relacionar o corpo teórico a um texto lúdico ou informativo, uma história, uma notícia, uma biografia etc. e que objetiva aproximar a teoria da prática.

Na introdução, traçamos um breve cenário político, econômico e social resultante do processo de globalização, além de buscar refazer um percurso histórico da docência no Brasil e de como a escola foi afetada pela modernidade.

O primeiro capítulo, "Desigualdades: uma produção social", amplia o debate sobre a atitude conformista e naturalizada diante das violências e injustiças e apresenta alguns indicadores sociais que demonstram o quanto as nossas atitudes (ou a falta delas) legitimam a situação desigual das "minorias" em diferentes contextos.

---

[*] Os Estudos Culturais surgem em contraponto às tradições elitistas, hierarquizadas e dicotômicas entre a cultura erudita e a cultura popular. A primeira, expressando ainda a cultura burguesa ou alta cultura, posicionava-se como superior às demais, consideradas irrelevantes no contexto social até meados do século XX. Nessa perspectiva, as manifestações e produções culturais populares, seus atores, interesses e saberes, historicamente excluídos do campo da erudição ou da "verdadeira cultura", são redimensionados, valorizados.

"Eu e o outro: narrativas de desigualdade?", o segundo capítulo, aspira promover a reflexão em torno desse "outro", que nem sempre percebemos como igual do ponto de vista dos direitos e da sua humanidade.

O terceiro capítulo discute "A ilusão da cidadania", acendendo a discussão em torno de um tema socialmente banalizado, porém intensamente imbricado com os demais capítulos e com a noção de direitos.

"Identidades plurais" é o tema do quarto capítulo. Como o título sugere, tem a intenção de analisar as múltiplas construções identitárias dos sujeitos a partir da realidade sociocultural.

O quinto capítulo, "Identidade de gênero", intenta aprofundar essa questão, visto que ela permeia todas as relações no plano individual e coletivo e está profundamente articulada com o magistério, como veremos mais adiante.

O sexto capítulo apresenta uma analogia do "Racismo à brasileira" como uma peculiaridade nacional. O ideal de branqueamento, o mito da democracia racial também é abordado no contexto brasileiro, além das novas perspectivas abertas de combate ao racismo.

"Multi/Interculturalismo em sala de aula", o sétimo e último capítulo, aborda a diversidade cultural numa perspectiva multicultural, que avança para a interculturalidade na medida em que ambiciona a troca e a interação entre as culturas.

A finalidade deste livro é que não percamos de vista a esperança. Que na sucessão do tempo ela seja renovada nas pessoas e nas instituições. Desejamos a todos uma proveitosa leitura.

Introdução

São muitos os desafios a enfrentar diante das mudanças aceleradas em todo o mundo, as quais impõem novos modos de ser, de viver e de conviver, novos aparatos tecnológicos, novos valores e concepções.

As mudanças globais afetam e influenciam mudanças locais em proporções diferenciadas e desiguais e, não raramente, perversas. As relações econômicas, trabalhistas e sociais ganharam nova configuração: muitas profissões foram extintas, ofícios artesanais substituídos pela produção em massa, elevados índices de desemprego, crescimento acelerado da economia informal, enfim, uma precarização do trabalho. Embora o mercado de trabalho se apresente cada vez mais competitivo e excludente, persistem velhas relações que expressam a perda de direitos por meio de novas nomenclaturas (flexibilização, contrato temporário, terceirização, baixos salários). Somado a esse conjunto de incertezas, ainda temos as crises econômicas, que contribuíram para elevar os índices de violência. Com isso, aumentou a sensação de insegurança das pessoas.

O acesso aos bens de consumo e à informação, antes tão restrito, é um exemplo "globalizante" que altera a vida das pessoas em qualquer parte do planeta. Como vimos, a globalização atinge em escalas diferenciadas os habitantes da aldeia global. Podemos refletir sobre esse fenômeno comparativamente: numa grande metrópole, com trabalhadores e trabalhadoras atuando na economia formal e informal, e numa região do interior, cuja atividade principal esteja baseada na agricultura.

Os impactos e transformações podem ser mensurados, na grande metrópole, por diversos meios, sobretudo aqueles relativos à degradação do meio ambiente e da qualidade de vida: caos no trânsito, poluição do ar, rios e mares, elevado volume de lixo gerado pelos domicílios e empresas, crescente população das ruas, o medo constante da violência e do desemprego que ronda as pessoas. Enquanto a maioria da população vivencia essa realidade, alguns (poucos, infelizmente) experimentam o conforto gerado pelas novas tecnologias: aparelhos eletroeletrônicos (microcomputadores, telefonia móvel, TV digital) e eletrodomésticos e o acesso a outros bens de consumo duráveis. Estes últimos são atingidos em menor escala pelos impactos ambientais, em razão da localização privilegiada de suas residências e locais de trabalho. Em contrapartida, uma região localizada no interior, do Norte ou Nordeste, por exemplo, onde boa parte da população vive do trabalho no campo e dos benefícios assistenciais do Governo Federal (Bolsa Família, aposentadorias e outros da seguridade social), os impactos da globalização ainda não são percebidos. Enquanto as gerações passadas migravam continuamente para as cidades, sobretudo as da região Sudeste, atualmente as pessoas dessa região podem contar com os programas de renda mínima, o que lhes dá a possibilidade de se manter na terra. As prefeituras e serviços locais provavelmente também foram beneficiados com alguns recursos tecnológicos. Tal comparação ajuda a ilustrar o quanto os impactos da globalização são sentidos distintivamente, segundo um elenco de fatores.

Os avanços da humanidade e a produção de novos conhecimentos, gerados a partir das novas tecnologias, são inquestionáveis. Evoluíram as pesquisas na medicina, a descoberta de medicamentos, os tratamentos e as vacinas. A telefonia móvel e fixa, a internet, a TV digital permitem que a informação se dissemine ao mesmo tempo em todo o mundo, conectando as populações. Mas, apesar dessa "revolução tecnológica", ainda vivemos surtos epidêmicos de dengue, febre amarela e ainda morrem crianças por diarreia e parasitoses. Portadores de necessidades especiais convivem num mundo para "perfeitos", com enorme dificuldade em garantir direitos individuais básicos, como o de ir e vir. A educação básica atinge, quase na sua totalidade, as crianças no ensino fundamental, mas a sua qualidade é questionável, tendo em vista os resultados da Prova Brasil*. Ou seja, a globalização não é sinônimo de qualidade de vida, sobretudo daqueles que estão excluídos da sociedade do consumo.

Ressaltamos, no entanto, algumas conquistas significativas: boa parcela dos movimentos sociais incorporou o debate pela equidade de gênero e o combate à discriminação racial e social. O resultado dessa articulação e da luta pela garantia de direitos foi a implantação de diversas ações: o Plano Nacional de Política para as Mulheres e o Programa Brasil sem Homofobia, (Programa de Combate à Violência e à Discriminação contra GLTTB e Promoção da Cidadania Homossexual**, ambos de 2004) e o Plano de Desenvolvimento da Educação (PDE), lançado em 2007 pelo MEC, o qual visa garantir o compromisso da união, estados e municípios com a melhoria da educação básica. Essas ações demonstram que esses temas entraram na pauta e resultaram em políticas públicas sociais, conforme as demandas da sociedade civil organizada.

Nesse cenário de contradições (característico do capitalismo), mantém-se o imperativo de ter a sociedade civil

---

* A Prova Brasil foi criada em 2005, a partir da necessidade de se tornar a avaliação mais detalhada, em complemento à avaliação já feita pelo Sistema Nacional de Avaliação da Educação Básica (Saeb). Como a metodologia das duas avaliações é a mesma, desde 2007 elas passaram a ser feitas em conjunto. O Saeb é realizado a cada dois anos e avalia uma amostra representativa dos alunos regularmente matriculados na 4ª e 8ª séries (5º e 9º anos) do ensino fundamental e 3º ano do ensino médio, de escolas públicas e privadas, localizadas em área urbana ou rural. Já a Prova Brasil é universal: todos os estudantes de 4ª e 8ª séries, de todas as escolas públicas urbanas do Brasil com mais de 20 alunos por turma, devem fazer a prova. Para saber mais, acesse o site: <http://provabrasil2009.inep.gov.br>.

** Programa lançado em 25 de maio de 2004, elaborado pela Secretaria Nacional de Direitos Humanos (Ministério da Justiça), Ministério da Saúde, Conselho Nacional de Combate à Discriminação e entidades de defesa de direitos homossexuais.

mobilizada, exercendo permanente pressão sobre os governos em todas as esferas da política pública, a fim de garantir e conquistar novos direitos. O capital ultrapassou fronteiras e se tornou transnacional. Sua globalização e reorganização exigiu uma nova concepção de Estado. Assim, a crise econômica de 1929 e o pós-Guerra de 1945 originaram um Estado forte e regulador: Estado de Bem-Estar Social ou *Welfare State* (no Brasil, os melhores exemplos são os governos de Vargas e de JK). A reformulação do capitalismo, nos anos 1980 e 1990 do século XX, o fizeram retroceder ao liberalismo. O moderno liberalismo, agora intitulado *neoliberalismo*, retirava do Estado sua função social e pregava a privatização das empresas estatais (nos governos dos Fernandos I e II – Fernando Collor de Mello e Fernando Henrique Cardoso). Esse modelo econômico foi amplamente empregado e intensificou as desigualdades sociais, a pobreza e o desemprego no Brasil e nos demais países que o adotaram.

Na contramão das políticas neoliberais, o relatório síntese do Instituto Brasileiro de Análises Sociais e Econômicas (Ibase), de junho de 2008, lança uma luz no fim do caminho: famílias atendidas pelo programa de renda mínima do Governo Federal, o Bolsa-Família*, tiveram impacto positivo na segurança alimentar e nutricional, conforme relata o documento. Esse resultado significativo, em plena contemporaneidade, confirma o que parece elementar: acabar com a fome é fundamental, mas não se esgota nisso. As

---

* 69% dos domicílios que recebem o Bolsa-Família, 60% dos que recebem o Benefício de Prestação Continuada e 68% dos que participam do Programa de Erradicação do Trabalho Infantil são chefiados por negros (as), segundo o Instituto de Pesquisa Econômica Aplicada (Ipea, 2009).

pessoas esperam poder dignamente, através de seu trabalho, prover as necessidades básicas de sua família.

Diante desse quadro de progressos e regressos, retornamos ao contexto da escola e nos questionamos: Essa instituição tem acompanhado as mudanças planetárias? Imagino que sim e que não: sim, porque a escola é feita de pessoas que sentem e vivem as mudanças; não, porque muitas dessas pessoas resistem às mudanças. Temos vários exemplos de resistências no dia a dia da escola: não conseguimos romper com pedagogias tradicionais, com a gestão pouco democrática, centralizada, nem incorporar novas tecnologias em sala de aula. Os currículos ainda operam de forma restritiva, que corroboram com a construção de estereótipos* e legitimam uma hegemonia** cultural. Essas questões correspondem às relações sociais e valores dominantes no seio da sociedade capitalista, reproduzidos também nas instituições escolares.

Segundo Oliveira (2003, p. 112):

> A escola básica é salientada como parte de um sistema excludente, inviabilizadora da continuidade dos estudos e do acesso a profissões de maior remuneração e de prestígio. Além disso, prejudica o exercício da cidadania, não cumprindo o seu papel, o que compromete a identidade dos profissionais da educação que, neste caso, em sua grande maioria ratificam os lugares sociais ocupados pelos grupos marginalizados e consequentemente as

---

* Um estereótipo é um conjunto de traços que supostamente caracterizam um grupo, deformando sua imagem com todos os perigos de distorção e empobrecimento da percepção social e humana.

** A hegemonia resulta do confronto de forças entre blocos sociais atuantes em determinado contexto histórico. Segundo Gramsci, citado por Gruppi (2000), a hegemonia atinge a capacidade de direção tanto intelectual e moral, como política e cultural de uma classe (ou grupo social) sobre outra classe ou grupos sociais.

relações de poder estabelecidas na sociedade. Entende-se que é papel da educação desnaturalizar os lugares sociais ocupados pela população como herança e educar para que se estabeleça uma relação horizontal entre os homens em busca da igualdade.

A partir do século XIX, consolidam-se os Estados nacionais em todo o mundo e a construção da consciência nacional resulta das transformações sociais, econômicas e tecnológicas surgidas em fins do século XVIII. Hobsbawm (1991, p. 19) concebe a nação como invenção histórica (tradição):

> A nação pertence exclusivamente a um período particular e historicamente recente. Ela é uma entidade social apenas quando relacionada a uma certa forma de Estado territorial moderno, o "Estado-nação"; e não faz sentido discutir nação e nacionalismo fora dessa relação.

No Brasil, a escola é vista como a instituição que tem a missão de promover a unidade nacional através da transmissão de conteúdos unificados, de valores culturais e morais. O poder público via na educação a força civilizadora fundamental para a construção do consenso na conformação do Estado. Segundo Foucault (1977), as relações de poder estabelecidas no século XX nas instituições, seja na família, na escola, nas prisões ou nos quartéis, foram marcadas pela **disciplina**, cujo objetivo principal era a produção de **corpos dóceis**, eficazes economicamente e submissos politicamente.

Ainda segundo Foucault (1977, p. 135):

> As disciplinas, organizando as "celas", os "lugares" e as "fileiras", criam espaços complexos: ao mesmo tempo arquiteturais, funcionais e hierárquicos. São espaços que realizam a fixação e permitem circulação; recortam segmentos individuais e estabelecem ligações operatórias; marcam lugares e indicam valores; garantem a obediência dos indivíduos, mas também uma melhor economia do tempo e dos gestos [...]. A primeira das grandes operações da disciplina é então a constituição de "quadros vivos" que transformam as multidões confusas, inúteis ou perigosas em multiplicidades organizadas.

O processo de estatização do ensino também atuou na substituição de um corpo docente religioso e sob o controle da Igreja por um corpo de professores laicos, agora recrutados pelo Estado. Contudo, para Nóvoa (1995, p. 16), essas mudanças não alteram a imagem do professor naquele momento: "Ao longo do Século XIX consolida-se uma imagem de professor, que cruza as referências ao magistério docente, ao apostolado e ao sacerdócio, com a humildade e a obediência aos funcionários públicos."

Segundo Nagle (1990), citado por Souza (2000, p. 119-120):

> Após a Primeira Guerra Mundial, o Brasil viveu uma onda de nacionalismo efervescente. Vários movimentos e campanhas nacionalistas eclodiram, tendo como finalidade a elevação moral e política do país e como principais temas o voto secreto, a erradicação do analfabetismo e o serviço militar obrigatório. O fervor nacionalista, alimentado por alguns grupos políticos e intelectuais descontentes com a oligarquia no poder e os desvirtuamentos

da República, trouxe à baila a questão da nacionalidade brasileira, o combate à estrangeirização do Brasil, a reforma política, a moralização dos costumes e a regeneração da nação. Era preciso "republicanizar a República" e a educação foi novamente apontada como a solução destes e de todos os males do país.

As transformações decorrentes do processo de industrialização e desenvolvimento, advindas do crescimento econômico e da consolidação do sistema capitalista, originaram, entre outras mudanças, um acelerado crescimento da escolarização básica, ainda observado atualmente. No entanto, ainda guardamos na memória romantizada uma ideia de escola redentora, a instituição capaz de "resolver" os grandes dilemas sociais, mas que declina diante do desafio de educar meninos e meninas, mulheres e homens na contemporaneidade. A escola se apresenta como um lócus fundamental de formação e restauração de valores, perdidos ou afetados pela modernidade. Mas, assim como o conjunto da sociedade, ela também experimenta e vivencia crises, seja de paradigmas, seja de visão de mundo ou de seu papel social.

Nesse panorama de incertezas, sabemos que a educação é um direito, e isso implica que ampliemos a noção de cidadania como direito a ter direito. É nesse sentido que abarcamos o tema **diversidade**, o qual é uma realidade desde os tempos mais remotos. Para Abramowicz et al. (2006, p. 12), "diversidade pode significar variedade, diferença e multiplicidade. A diferença é qualidade do que é diferente; o que distingue uma coisa de outra, a falta de igualdade ou de semelhança". Somos, portanto, diferentes com características singulares. Essa constatação, infelizmente, não impediu que proporções cada vez maiores de tipos homofóbicos, racistas, fanáticos, machistas, xenófobos, fossem produzidos pelo mundo. Todos esses tipos têm em comum a ideia de superioridade, em nome da qual a humanidade sofre vítima de guerras, genocídios, holocaustos, ditaduras, *apartheids*. A história apresenta exemplos de violências cometidas contra os **diferentes**: as "minorias", como negros, mulheres, crianças, idosos etc. Essa **diferença**, ao ser traduzida como *desigualdade*, tem propiciado e justificado práticas cada vez mais violentas.

Atualmente, podemos perceber que a diversidade está na ordem do dia, em pauta. Por que isso acontece se uma das características da sociedade globalizada são os paradigmas homogeneizantes? As diferenças agregam múltiplos processos de pertencimento – étnico, de gênero, geracional, geográfico, religioso etc. – que têm sido hierarquizados e convertidos, inadvertidamente, em desigualdades. A ruptura desse ciclo implica em compreendermos a multiplicidade e a complexidade das relações. Tal compreensão nos leva a incorporar a ideia de que somos uma rede de subjetividade formada em inúmeros contextos cotidianos (Santos, 1995).

A Declaração Universal sobre a Diversidade Universal, apresentada no *site* da Organização das Nações Unidas para a Educação, a Ciência e a Cultura (Unesco, 2002), assim se posiciona:

> A cultura adquire formas diversas através do tempo e do espaço. Essa diversidade se manifesta na originalidade e na pluralidade de identidades que caracterizam os grupos e as sociedades que compõem a humanidade. Fonte de intercâmbios, de inovação e de criatividade, a diversidade cultural é, para o gênero humano, tão necessária como a diversidade biológica para a natureza.

Nesse sentido, constitui o patrimônio comum da humanidade e deve ser reconhecida e consolidada em benefício das gerações presentes e futuras.

Como vimos, educar para a diversidade exige formação em dimensões objetivas e subjetivas, não à parte como querem alguns, mas intrínseca à atividade pedagógica. Emergente, dialógica e interpretativa, tal formação precede ainda de formulação de estratégias e de mecanismos de intervenção, de revisão de valores e atitudes para superação de injustiças, preconceitos e estereótipos. Nos próximos capítulos, abordaremos questões e conceitos basilares da formação pedagógica, no intuito de semear e articular aprendizagens socialmente comprometidas.

capítulo 1

Desigualdades:
uma produção social

> *As pessoas têm direito a ser iguais*
> *sempre que a diferença as tornar inferiores;*
> *contudo, têm também direito a ser diferentes*
> *sempre que a igualdade colocar em risco*
> *suas identidades (Santos, 1997, citado por*
> *Moreira, 2001, p. 67).*

Em meio à complexidade é que nos construímos. Somos semelhantes como humanos, pois descendemos de um tronco comum e, ao mesmo tempo, muito diferentes nas realizações e construções históricas, culturais e sociais. Somos desafiados pela experiência humana a conviver com as diferenças, mas ainda demonstramos dificuldades nessa coexistência. Diversas vezes somos impelidos a acreditar que o destino ofertou muito para poucos e pouco para muitos e, ao pensarmos assim, dizemos (e também ouvimos): "Mas, o que há de se fazer?" "A vida é assim mesmo" etc.

No entanto, quantos de nós, sem perceber, já naturalizamos*, em nosso cotidiano, situações de desigualdades? Deparamo-nos com o estado de miserabilidade de famílias e com crianças e jovens nas ruas e vemos (ou nem isso) com demasiada "naturalidade" as condições subumanas dos "sobreviventes". Crianças pedintes nos sinais de trânsito perdem sua dimensão de criança e, consequentemente, humana, para se tornarem "pivetes", os quais passamos a temer. As manchetes de crimes hediondos, cotidianamente nos jornais, já não despertam em nós um

---

* A naturalização refere-se ao modo como ideias, valores e regras sociais (produzidos por homens e mulheres em contextos históricos) são transmitidos, justificados e adotados como se existissem independentes da ação humana, como se fossem imposições externas que não se pode evitar, combater ou modificar.

sentimento de indignação, mas de passividade e impotência. Normalmente consideramos os problemas sociais de alçada do governo e de outras instituições e não queremos ter nenhuma responsabilidade sobre eles. As variadas formas de violências parecem externas aos indivíduos, como se existissem sem uma autoria. Porém, quando dizemos que "**a sociedade está violenta**", deveríamos refletir que, na verdade, nós – homens, mulheres, crianças e jovens – **estamos violentos**, embrutecidos e desumanizados.

Entre humanos também impera a lei do mais forte (assim como no reino dos animais irracionais), permeada por hierarquias, castas ou divisões, como queiram denominar. Os "mais aptos" ganham na luta pela sobrevivência, à custa da vida e do sofrimento dos semelhantes.

É fato que cada grupo social acumula experiências de êxitos e fracassos e constrói um conhecimento prático (mesmo inconsciente) do que está ao alcance da sua realidade social – o que Bourdieu (2002) denomina *causalidade do provável*, que é o que acontece quando os indivíduos internalizam suas chances/probabilidades de acesso. Se considerarmos que, para as classes populares, as possibilidades de sucesso escolar se reduzem não só em razão da falta de recursos econômicos, mas de capital cultural*, a distribuição desigual desse capital influencia as trajetórias escolares e a mobilidade

---

* O capital cultural pode existir sob três formas: no estado incorporado, ou seja, sob a forma de disposições duráveis do organismo; no estado objetivado, sob a forma de bens culturais – quadros, livros, dicionários, instrumentos, máquinas, que constituem indícios ou a realização de teorias ou de críticas dessas teorias, de problemáticas etc.; e, enfim, no estado institucionalizado, forma de objetivação que é preciso colocar à parte porque, como se observa em relação ao certificado escolar, ela confere ao capital cultural – de quem é, supostamente, a garantia – propriedades inteiramente originais (Bourdieu, 1998b, p. 74).

social desses grupos. O mesmo não se verifica entre as classes médias, em que o investimento sistemático na educação possibilita a ascensão social. Embora o conceito sirva para a compreensão da relação das famílias com as escolas, Ribeiro e Andrade (2006) entendem que a teoria do déficit cultural legitima as desvantagens educacionais das classes populares e não contribui para a solução do problema.

Em geral, a pobreza tem sido vista como a insuficiência de recursos materiais para a sustentação da vida humana. Esta seria uma interpretação um tanto estreita, produto de uma visão economicista. Achamos mais indicado o conceito adotado pelo Programa das Nações Unidas para o Desenvolvimento (Pnud, 2004), para o qual a pobreza é a negação das escolhas e de oportunidades básicas e necessárias ao desenvolvimento da vida humana, refletida em: vida curta, falta de educação, falta de meios materiais, exclusão e falta de liberdade e dignidade. Assim, a pobreza humana é multidimensional, ao invés de unidimensional e centrada nas pessoas, privilegiando a qualidade da vida humana e não as posses materiais. Pode ser classificada de duas formas: **pobreza intelectual**, que determina o desenvolvimento cultural, ideológico, científico e político do ser humano; **pobreza social**, que nega a integração no coletivo com direitos plenos, a participação na sociedade e o respeito dentro do coletivo (Waiselfisz, 1998, p. 19). Ao utilizar o conceito de pobreza adotado pelo PNUD, entendemos que a falta de perspectivas e de oportunidades pode também ser considerada nos indicadores sociais.

Há uma certa tendência, recorrente no senso comum, de atribuir às desigualdades uma aparência essencialmente econômica e classista. Embora reconheçamos que a classe social exerça grande influência nas oportunidades individuais, sabemos que a condição econômica não consegue, sozinha, evitar preconceitos* e estereótipos.

Segundo Kofi Annan, secretário geral da ONU de 1997 a 2006, em depoimento de março de 2001, citado por Almeida (2004):

> Em todo o mundo... Minorias étnicas continuam a ser desproporcionalmente pobres, desproporcionalmente afetadas pelo desemprego e desproporcionalmente menos escolarizadas que os grupos dominantes. Estão sub-representadas nas estruturas políticas e super-representadas nas prisões. Têm menos acesso a serviços de saúde de qualidade e, consequentemente, menor expectativa de vida. Estas, e outras formas de injustiça racial, são a cruel realidade do nosso tempo, mas não precisam ser inevitáveis no nosso futuro.

Há outras categorias para análise que consideramos atravessadoras nesse debate: pertencimentos étnicos, sociais, culturais, religiosos, geracional, de gênero, de orientação sexual, espacial, temporal. Por exemplo: embora tenha havido um crescente ingresso das mulheres no mercado de trabalho, sua participação na renda familiar não significou maior autonomia, mas sobrecarga. A segunda (ou terceira) jornada de trabalho feminina permanece. Aumentou a vulnerabilidade da mulher, vítima de assédio sexual e de violência

---

* Como seu nome indica, é um "pré" conceito, uma opinião que se emite antecipadamente, sem contar com informação suficiente para poder emitir um julgamento fundamentado, elaborado. Em geral, nasce da repetição irrefletida de pré-julgamentos que já ouvimos antes mais de uma vez.

doméstica (o aumento nos casos se explica também pela possibilidade de denúncia e o estímulo a esta). Também crescem de maneira alarmante os índices de homossexuais vítimas de variadas formas de violência (desde crimes bárbaros a violências simbólicas). São elevados os indicadores do Instituto Brasileiro de Geografia e Estatística (IBGE) e da Pesquisa Nacional por Amostra de Domicílios (PNAD) que apontam profundas desigualdades raciais no Brasil e que identificam na mulher negra a principal vítima. São delas os menores salários, além da baixa perspectiva de ascensão social e econômica*. Sobre a mulher negra de baixa renda paira, pelo menos, uma tríplice discriminação, em que podemos estimar as violências e preconceitos derivadas desse pertencer: sexismo, racismo e classe social. Se analisarmos ainda aspectos relativos à orientação sexual e religião, acentuam-se os contornos da discriminação, se esses não corresponderem aos padrões legitimados. Outras variáveis agregam elementos para a compreensão da desigualdade social, segundo Paula (2005, p. 196) e Candau (2003, p. 17):

> Na sociedade brasileira são intrínsecas as relações entre exclusão, preconceito e discriminação, pois, como prática comum, a diferença se reconfigura em desigualdade, em algumas situações de forma muito clara e em outras de forma sutil e complexa. Esta prática cotidiana aparece em diferentes espaços sociais.
>
> [...] preconceitos são realidades historicamente construídas e

---

* Assim como outros dados, as informações sobre posição na ocupação revelam a situação de grande precariedade vivenciada pelas mulheres negras. Por um lado, elas apresentam as mais altas proporções no trabalho doméstico (21,4%) e na posição de produção para próprio consumo e trabalho não remunerado (15,4%); por outro, as menores proporções de trabalho com carteira assinada (23,3%) e de empregador (1,2%), ocupando, assim, como confirmam os dados de renda, a pior posição na escala social (Ipea, 2009).

dinâmicas, são reinventados e instalados no imaginário social continuamente. Os preconceitos atuam como filtros de nossas emoções colorindo nosso olhar, modulando nosso ouvir e tocar, fazendo com que tenhamos uma percepção simplificada e enviesada da realidade.

Há ainda certa tendência generalista e homogeneizante em tornar todos "iguais", sem rigor ou atenção às singularidades das "minorias". Alertamos que o conceito de igualdade repousa apenas sobre o aspecto biológico, pois nos demais, construídos histórica e socialmente, não há igualdade entre os humanos. Tomemos uma relação representativa desse paradigma homogêneo e hegemônico: brancos ocidentalizados e "índios". Estes últimos, ao serem compreendidos numa categoria generalizante ("índios"), perdem a possibilidade de serem percebidos pela diversidade étnica, pelos valores, pela linguagem e subjetividades de cada indivíduo, grupo ou tribo*:

Segundo Gusmão (1999, p. 44),

> [...] os povos indígenas são sioux, crow, kamayurá, xokleng, guarani, avá e outros, mas não são índios, categoria inventada pelos brancos para, desrespeitando a especificidade de cada grupo, colocá-los todos "no mesmo saco". [...] Desconsidera-se aí, o que são de fato e o que pensam sobre si mesmos como componentes de uma história singular de grupo que tem suas próprias marcas, portadoras de significados, sentidos e visão de mundo, únicos porque só seu. Chamá-los de índios indistintamente é negar-lhes o que de mais interior os habita e que dizem deles por aquilo que são: Kamayurá, Ticuna, Xavantes etc [...].

---

* Quando os portugueses chegaram ao Brasil, havia em torno de 1.300 línguas indígenas; hoje existem cerca de 170.

Outro exemplo semelhante e oportuno refere-se ao continente africano. A África, ao ser convertida num bloco geográfico homogêneo, sem a característica continental, é quase sempre tratada como se fosse um único país. Essa perspectiva desconsidera suas singularidades, elimina os diversos povos, culturas e tradições, além de imputar sobre esse território a condição de selvagem e primitivo.

> **Eu tenho um sonho**
>
> [...] Mas há algo que eu tenho que dizer ao meu povo que se dirige ao portal que conduz ao palácio da justiça. No processo de conquistar nosso legítimo direito, nós não devemos ser culpados de ações de injustiças. Não vamos satisfazer nossa sede de liberdade bebendo da xícara da amargura e do ódio. Nós sempre temos que conduzir nossa luta num alto nível de dignidade e disciplina. Nós não devemos permitir que nosso criativo protesto se degenere em violência física. Novamente e novamente nós temos que subir às majestosas alturas da reunião da força física com a força de alma. Nossa nova e maravilhosa combatividade mostrou à comunidade negra que não devemos ter uma desconfiança para com todas as pessoas brancas, para muitos de nossos irmãos brancos, como comprovamos pela presença deles aqui hoje, vieram entender que o destino deles é amarrado ao nosso destino. Eles vieram perceber que a liberdade deles é ligada indissoluvelmente a nossa liberdade. Nós não podemos caminhar só [...].
>
> Fonte: Trecho extraído do discurso de Martin Luther King (1963).

capítulo 2

Eu e o outro: narrativas de desigualdades?*

* Este capítulo aborda questões apresentadas no artigo publicado na coletânea da Secad (Paula, 2005, p. 187-200).

> *Ela (a diferença) está presente em todos os cenários sociais, empobrecendo-os e contaminando-os segundo alguns, enriquecendo-os e renovando-os, segundo outros. Em síntese, queiramos ou não, vivemos num mundo inescapavelmente multicultural (Moreira, 1999, p. 84-85).*

A gênese da desigualdade pode ser encontrada na Grécia antiga. O *ethnos* (base para a noção de etnia) era o diferente, não civilizado, o antônimo de civil e político. Os bárbaros eram considerados desprovidos de razão e incapazes de construir uma civilização.

No século XVI, os bárbaros eram os povos não cristãos, criaturas incivis que não viviam segundo os padrões culturais europeus, associando barbarismo e canibalismo, aos quais era atribuída uma subumanidade. A aparência física e a cultura eram elementos de selvageria daqueles considerados a antítese da sociedade europeia. No pressuposto etnocêntrico, o bárbaro era, portanto, inferior ao civilizado.

Nos séculos XVII e XVIII, os biólogos acreditavam no paradigma bíblico da descendência una da humanidade. Para os monogenistas, a criação divina compreendia um número limitado de espécies que permaneciam imutáveis. Explicavam as diferenças fenotípicas pela dispersão pós-dilúvio – tese que não conseguia explicar as demais diferenças (culturais) entre os povos, mas que foi uma teoria dominante até meados do século XIX. A partir daí, surgiu a versão poligenista, herética para os modelos da época porque contestava o dogma monogenista da Igreja e acreditava na existência de vários centros de criação, que corresponderiam às diferenças raciais observadas (Schwarcz, 1993).

O debate entre as correntes monogenistas e poligenistas se transformou com a publicação de *A origem das espécies*, em 1859, por Charles Darwin. A tese evolucionista foi sendo apropriada literalmente por vários campos de conhecimento, ignorando aspectos culturais e sociais. Essa apropriação ficou conhecida como *darwinismo social*. Segundo Hobsbawm, Néré e Tuchman, citados por Schwarcz (1993, p. 56):

> No que se refere à esfera política, o darwinismo significou uma base de sustentação teórica para práticas de cunho bastante conservador. São conhecidos os vínculos que unem esse tipo de "seleção natural" como justificativa para a explicação do domínio ocidental, "mais forte e adaptado".

Segundo Arendt (1989, p. 209), o darwinismo criou dois conceitos importantes: a "sobrevivência dos mais aptos" (camadas superiores da sociedade) e a teoria da evolução humana a partir da vida animal, que originaram a eugenia[*].
Conforme Heringer (2002, p. 58):

> O Brasil foi o último país do mundo a abolir o trabalho escravo de pessoas de origem africana, em 1888, após ter recebido, ao longo de mais de três séculos, cerca de quatro milhões de africanos como escravos [...]. Embora nenhuma forma de segregação tenha sido imposta após a abolição, os ex-escravos tornaram-se, de maneira geral, marginalizados em relação ao sistema econômico vigente. Além disso, o governo brasileiro iniciou, na segunda metade do século XIX, o estímulo à imigração europeia, numa

---

[*] O termo *eugenia* (*eu*: "boa"; *genus*: "geração") foi criado em 1883 pelo cientista britânico Francis Galton. Na época, conhecido por seu trabalho como naturalista e geógrafo especializado em estatística, escreveu seu primeiro ensaio na área da hereditariedade humana em 1865, após ter lido *A origem das espécies* (Schwarcz, 1993, p. 60).

tentativa explícita de "branquear" a população nacional. Milhões de imigrantes europeus entraram no país durante as últimas décadas do século XIX e no início do século XX. Essa força de trabalho foi contratada preferencialmente tanto na agricultura como na indústria que estava sendo implantada nas principais cidades.

Lima, citado por Heringer (2002, p. 61), destaca também que:

> Os negros brasileiros têm feito pouco progresso na conquista de profissões de maior prestígio social, no estabelecimento de seus próprios negócios e na ocupação de posições de poder político. Eles ainda concentram-se em atividades manuais que exigem pouca qualificação e escolaridade formal. As desvantagens acumuladas através da história brasileira tornaram o sucesso difícil para a população afro-brasileira.

A alteridade e a diferença no contexto histórico-social posicionaram hierarquicamente o "outro" como inferior. Essa hierarquia de valores deterministas e cristalizados tem servido para legitimar ações de extermínio contra tribos indígenas[*], por exemplo, assim como serviu para justificar a escravidão (o negro como "coisa", destituído de alma, portanto, desumanizado) e o extermínio dos judeus na Alemanha nazista, os quais eram comparados aos "vermes, pragas e demônios", segundo Joffe (1998, p. 111). Assistimos, mais

---

[*] Os índios passaram por tempos de matança, escravismo, catequização forçada ou mera indiferença das autoridades. Em 1500, quando os portugueses chegaram ao Brasil, estima-se que havia por aqui cerca de seis milhões de índios. Nos anos 1950, segundo os antropólogos, a população indígena brasileira estava entre 68.000 e 100.000 habitantes. Atualmente, há cerca de 280 mil índios no Brasil. Contando os que vivem em centros urbanos, ultrapassam os 300 mil.

recentemente, ao "terror" associado aos orientais e mulçumanos na contemporaneidade. Nesse sentido, nos significados da diferença não cabem rótulos ou fixação essencial. Entretanto, no embate de posições e campos políticos, Monteiro (2008, p. 188) nos adverte que:

> [...] na superação de condições de opressão e violência constituídas, devemos fixar nossos campos identitários, enquanto estratégia política de enfrentamento no processo de luta contra qualquer atitude totalitária. Mas, é preciso manter a lucidez, da necessidade de rompimento das barreiras entre o "nós" e os "outros", em uma sociedade possível, como nos alerta Todorov.

De acordo com Macedo (2006, p. 350), no entanto, há uma tendência dos processos multiculturais em resposta às políticas discriminatórias em fixar a diferença, transformado-a em diversidade. Para a autora:

> Na perspectiva aberta por Bhabha seria mais produtivo pensar na diferença como define Derrida no que denomina *différance*. Como no estruturalismo, a cultura é vista como um processo de atribuição de significados, significados estes que dependem de um sistema de diferenças. No entanto, na perspectiva pós-estruturalista de Derrida, tais significados não podem ser fixados de forma decisiva. Ainda que se mantenha a fantasia de um significado fixo, cabal, ele nunca será totalmente apreensível. Ao invés de oposições binárias fixas, a *différance* introduz a incerteza que põe em interação as relações entre as culturas e os espaços que as distinguem, tornando a identificação dos sujeitos com determinadas culturas um processo ativo e contingente. Assim, o que muitas vezes denominamos diferença entre culturas vistas como repertórios partilhados de significados nada mais é do que um retrato cristalizado de um momento particular.

São esclarecedoras as considerações de Silva (2002, p. 65-66) sobre a questão, em que o autor pontua as impertinências atribuídas aos termos identidade e diferença:

> A questão da identidade e da diferença está no centro de boa parte das discussões educacionais atuais. Nessa discussão, a diferença acaba, em geral, reduzida à identidade. Nesta pequena coleção de afirmações, tento, inspirado sobretudo na filosofia da diferença de Gilles Deleuze, desequilibrar o jogo em favor da diferença.
> 1. A diferença não tem nada a ver com o diferente. A redução da diferença ao diferente equivale a uma redução da diferença à identidade.
> 2. A multiplicidade não tem nada a ver com a variedade ou a diversidade. A multiplicidade é a capacidade que a diferença tem de (se) multiplicar.
> 3. Não é verdade que só pode diferir aquilo que é semelhante. É justamente o contrário: só é semelhante daquilo que difere.
> 4. A identidade é predicativa, propositiva: x é isso. A diferença é experimental: o que fazer com x.
> 5. A identidade é da ordem da representação e da recognição: x representa y, x é y. A diferença é da ordem da proliferação; ela repete, ela replica: x e y e z.
> 6. A diferença não é uma relação entre o um e o outro. Ela é simplesmente um devir-outro.
> 7. A questão não consiste em reconhecer a multiplicidade, mas em ligar-se com ela, em fazer conexões, composições com ela.
> 8. A diferença é mais da ordem da anomalia que da anormalidade: mais do que um desvio da norma, a diferença é um movimento sem lei.
> 9. Quando falamos de diferença, não estamos perguntando sobre uma relação entre x e y, mas, antes, sobre como x devém outra coisa.

10. A diferença não pede tolerância, respeito ou boa-vontade. A diferença, desrespeitosamente, simplesmente difere.
11. A identidade tem negócios com o artigo definido: o, a. A diferença, em troca, está amasiada com o artigo indefinido: um, uma.
12. A diferença não tem a ver com a diferença entre x e y, mas com o que se passa entre x e y.
13. A identidade joga pelas pontas; a diferença, pelo meio.
14. A identidade é. A diferença devém.

A "diferença" é projetada no outro, com características, em geral, essencializadas, como parte do sujeito, não como resultado de construção social.

> ### A lenda de Jurupari*
>
> No começo do mundo, uma estranha epidemia atingiu os índios da Serra de Tenuiana. Morreram quase todos os homens. Sobreviveram as mulheres e alguns velhos. Para evitar a extinção daquele povo, um velho pajé – nascido da união de uma índia com o rei dos pássaros jacami – fecundou a todas as mulheres da aldeia com sua mágica.
> Depois disso ele mergulhou num lago onde uma estrela costumava se banhar, e desapareceu. Dez luas depois, todas as mulheres deram à luz. Entre os recém-nascidos havia uma menina que foi chamada Seuci. Seuci era de uma beleza esplendorosa. Já adolescente ela entrou na floresta e

---

* *A lenda de Jurupari*, em sua versão publicada em italiano por Ermanno Stradelli, em 1890, e traduzida dos originais na língua nheengatu (infelizmente perdidos) escritos pelo índio Maximiano José Rodrigues, foi traduzida para o português no livro *Makunaíma e Jurupari: cosmogonias ameríndias*, organizado por Sérgio Medeiros.

comeu a fruta proibida do pihican. O suco delicioso da fruta escorreu da boca de Seuci, desceu por seu corpo e banhou-lhe as partes mais recônditas. Após comer as frutas sentiu-se diferente. Examinou-se e viu que não era mais virgem. Estava grávida. Dez luas depois nasceu um menino forte e belo, que se parecia com o Sol. Foi batizado com o nome de Jurupari. Os índios elegeram a criança como seu líder. Naquela época eram as mulheres que governavam. Elas discutiam a melhor hora para entregar os símbolos de chefe a Jurupari e quando deram-se conta, a criança havia sumido. Procuraram por Jurupari, mas nada encontraram. Dos mais altos morros da serra ouviam-se murmúrios de criança. A infeliz Seuci permaneceu na mais alta montanha, chorando a perda de seu filho. À noite ela dormia e ao acordar pela manhã sentia que seus seios estavam vazios. Era Jurupari que vinha junto dela se amamentar. Depois de 15 anos, Jurupari voltou a sua aldeia. Ele revelou a todos que recebera uma missão do Sol: reformar os usos e costumes dos povos da terra. Ele ferveu uma resina em uma panela com água e criou todos os pássaros que voam pelo céu. Recebeu os enfeites de chefe, ensinou as novas leis a seu povo e mandou que alguns homens fossem às aldeias vizinhas, espalhar as novas leis a outros índios.

Fonte: Iandé, 2006.

capítulo 3

A ilusão da cidadania

> *Ser cidadão é ter direito à vida, à liberdade, à propriedade, à igualdade perante a lei – ter direitos civis; É também participar no destino da sociedade, votar e ser votado – ter direitos políticos; Os direitos civis e políticos não asseguram a democracia sem os direitos sociais, aqueles que garantem a participação dos indivíduos na riqueza coletiva: o direito à educação, ao trabalho, ao salário justo, à saúde, a uma velhice tranquila. Exercer a cidadania plena é ter direitos civis, políticos e sociais (Pinsky; Pinsky, 2003, p. 9).*

O termo cidadania está desgastado. Há equívocos constantes no entendimento de seu significado. Fala-se muito atualmente em "resgate da cidadania", "em prol da cidadania", em escola cidadã, em educar para a cidadania, em ações globais, entre outras, para efetivar a condição de cidadão. Adiante, vamos compreender a complexidade das relações sociais e por que alcançar a cidadania no Brasil tem sido um longo e tortuoso caminho. Conforme Carvalho (2008), na tríade dos direitos (civis, políticos e sociais), o cidadão pleno seria aquele titular desses três direitos, tornando, portanto, cidadão incompleto os que deles não usufruíssem. Mas sabemos que em diferentes contextos os direitos são exercidos conjunta ou separadamente. Carvalho (2008, p. 11) ressalta que "[...] a ausência de uma população educada tem sido sempre um dos principais obstáculos à construção da cidadania civil e política." Também sabemos que é diferente ser cidadão, por exemplo, na Índia, em que ainda vigora um sistema de castas que inviabiliza a ascensão social e restringe os direitos individuais, ou no Afeganistão*, em que mulheres não usufruem os mesmos direitos dos homens. A interpretação do conceito está, portanto, condicionada a uma série de valores morais, étnicos, religiosos, contextualizados no tempo e no espaço.

> Túlio Kahn, pesquisador do Ilanud – Instituto Latino-americano das Nações Unidas para Prevenção do Delito e Tratamento do Delinquente lembra que a taxa de encarceramento por cem mil habitantes, em São Paulo, é de 76,8 para brancos e 280,5 para negros. No Rio de Janeiro, também os negros estão sobre-representados na população prisional, pois constituem 40% da população do estado e 60% da população encarcerada (Saúde-Rio, 2007).

O conceito de cidadania, em sua origem, vem da Grécia antiga, onde significava vivência política ativa na comunidade, na cidade (pólis). Durante muito tempo, a ideia de cidadania esteve ligada aos privilégios, pois os direitos dos cidadãos eram restritos a determinadas classes e grupos, às elites. Só eram cidadãos os que correspondiam a, pelo menos, três critérios: homens, brancos e proprietários. Essa configuração excluía a maioria da população: mulheres, negros e pobres.

---

* Em 1996, o Taleban tomou Cabul (capital) e decretou leis severas a dois terços do Afeganistão. Mesmo eles tendo sido derrotados em 2001, a liberdade ainda não foi completamente alcançada. Destaco alguns dos decretos do Taleban: "As mulheres não devem sair de suas residências. Se o fizerem não devem usar trajes elegantes, produtos cosméticos ou atrair a atenção desnecessária; Não é permitido às mulheres trabalhar fora do lar ou frequentar escolas; Nenhum tipo de música é permitido; É proibido rir em público; Fotografias e retratos são proibidos. São considerados formas de idolatria e devem ser retirados dos hotéis, estabelecimentos comerciais e veículos; Pipas são proibidas; Todos devem rezar" (Logan, 2006).

Segundo Souza (2000, p. 106):

[...] a República manteve a interdição ao voto do analfabeto, excluindo, assim, grande parte da população brasileira da cidadania política. Mais que um direito do cidadão, a escola primária foi concebida como uma necessidade e, sobretudo, como um dever de cada homem do povo. Diante da soberania popular, para o Estado, a educação configurava-se como um interesse em decorrência do qual sobressaia o rigoroso dever em promovê-la.

Na sequência aventada por Marshall (1967), na Inglaterra, os direitos civis (século XVIII) precedem os políticos (século XIX) e os sociais (século XX). Se tomarmos como exemplo a clássica matriz marshalliana de cidadania – que se estabelece com a efetivação e o entrelaçamento dos direitos civis, políticos e sociais –, concluímos que a cidadania no Brasil assume uma conformação diferenciada. Afinal, como pensar em cidadania para uma minoria? Um país colonizado, com flagrante desrespeito aos povos aqui encontrados e àqueles trazidos à força, com o mais longo período escravista da história e com um recente exercício democrático terá muito a fazer para concretizar o ideal de cidadania.

Atualmente, visualizamos um crescente movimento da sociedade na construção de ações cidadãs. São exemplos as empresas com responsabilidade social e um número incalculável de Organizações não governamentais (ONGs) que perseguem o mesmo objetivo, cada qual querendo fazer a sua parte. Nessa perspectiva, enquanto a cidadania torna-se um objetivo a ser alcançado pelo conjunto da sociedade, como se posiciona o poder público diante da questão? As iniciativas isoladas da sociedade civil não alcançam o conjunto da população em suas necessidades básicas e não concretizam o ideal da cidadania. No entanto, guardadas as devidas proporções e críticas, as políticas universalistas são as que têm conseguido atingir uma parcela significativa de excluídos socialmente através de programas assistenciais*, com limitações que dependem do grau de exclusão: os marginalizados, os sem documentos de identificação, os sem teto, entre outros sobreviventes da guerra pela vida, dos quais os programas sociais não dão conta. Assim, eles permanecem na mesma condição, cada vez mais distantes do sonho de se tornarem cidadãos.

Percebemos uma falta de articulação das ações, além da regularidade e continuidade na oferta dos bens e serviços. A atuação em redes sociais** também seria bem-vinda, agrupando interesses e objetivos comuns e orientando ações mais dinâmicas, integradas e solidárias. Faltam, ainda, regras que regulem as ações das ONGs, por exemplo, pois cada grupo oferece e atende o segmento que elegeu sem prestação de contas à sociedade ou, quando há patrocínios, a prestação de contas é devida ao patrocinador. Quais se-

---
* O Sistema Único de Saúde (SUS) foi criado pela Constituição Cidadã como um dos pilares do sistema de seguridade social, com o objetivo primordial de garantir acesso gratuito e universal a todos os cidadãos brasileiros, independentemente de sexo, cor, raça etc. Em 2003, o SUS foi responsável por 63,5% dos atendimentos e 69,3% das internações ocorridas no país. Quando se desagregam os dados por cor/raça, percebe-se uma diferença significativa entre a população branca e negra: para os brancos, 54% dos atendimentos e 59% das internações foram cobertos pelo SUS; e para os negros as proporções foram de 76% e 81,3%, respectivamente. Esse fato dá fortes indícios do quanto a população negra é SUS-dependente (Ipea, 2009).

** "Redes são estruturas abertas capazes de expandir de forma ilimitada, integrando novos nós, desde que consigam comunicar-se dentro da rede, ou seja, desde que compartilhem os mesmos códigos de comunicação. Uma estrutura social com base em redes é um sistema aberto altamente dinâmico suscetível de inovação sem ameaças ao seu equilíbrio. [...] Mas a morfologia da rede também é uma fonte de drástica reorganização das relações de poder" (Castells, 1999a, p. 498-499).

riam de fato as necessidades e problemas a serem vencidos? Como retirar tantas pessoas de condições marginalizadas? Como garantir direitos civis, políticos e sociais sem primeiro garantir os direitos humanos? Como se posiciona a educação e os educadores na consagração desses direitos? Na reflexão de Candau (2008) sobre a questão:

> [...] Entendemos os Direitos Humanos como mediações para a construção de um projeto alternativo de sociedade: inclusiva, sustentável e plural. A educação que se articula com estas perspectivas enfatiza a formação para uma cidadania que favorece a organização da sociedade civil, e promove o empoderamento dos grupos sociais e culturais marginalizados, inferiorizados e subalternizados. Coloca no centro de suas preocupações a inter-relação entre as diferentes gerações de direitos e trabalha a articulação entre direitos relativos à igualdade e aqueles relacionados às questões das diferentes identidades culturais presentes na nossa sociedade.

A autora nos leva a refletir sobre o ciclo vicioso dos processos e projetos que tomam como eixo a cidadania. Se não houver uma política articulada de sustentabilidade[*] das ações e o empoderamento[**] dos grupos atendidos, não há promoção da cidadania, mas indivíduos cada vez mais dependentes de ações externas para sua sobrevivência. Segundo Stromquist, citado por Costa (2009, p. 25), os parâmetros

---

[*] Sustentabilidade é um conceito sistêmico, relacionado com a continuidade dos aspectos econômicos, sociais, culturais e ambientais da sociedade humana.

[**] O empoderamento é o mecanismo de tomada de posição, consciência e controle individual e coletivo de suas vidas e permite aos grupos marginalizados a emancipação individual e a consciência coletiva necessária para a superação da condição de dependência social em que se encontram e de dominação política.

do empoderamento são: "construção de uma autoimagem e confiança positiva; desenvolvimento de habilidades para pensar criticamente; construção de coesão de grupo e promoção de tomada de decisões para determinadas ações."

Baseado nesses aspectos, as iniciativas "cidadãs" demonstram que pouco têm contribuído para libertar os sujeitos da relação de dependência e de inferioridade. Mas a mobilização e a busca de alternativas ao mundo globalizado resultam em movimentos interessantes, na contramão do modelo capitalista e seu modo de produção. A economia solidária é um bom exemplo, pois atende ao princípio da autogestão e da cooperação para alcançar o desenvolvimento sustentável e socialmente justo, com valorização do trabalho, da natureza e, consequentemente, dos seres humanos. Parece utópico, mas não é. Essa é uma realidade para muitos homens e mulheres duramente atingidos pelo empobrecimento e pelo desemprego estrutural da lógica capitalista, mas que encontram mecanismos dignos para geração de trabalho e de renda. A reversão dessa lógica nos aponta a necessidade de redistribuir as riquezas, ainda concentradas em poucas mãos, repensar o futuro do planeta e propor novos modelos políticos e econômicos.

Segundo Santos (2007, p. 148):

> A nova paisagem social resultaria do abandono e da superação do modelo atual e sua substituição por um outro, capaz de garantir para o maior número a satisfação das necessidades essenciais a uma vida humana digna, relegando a uma posição secundária necessidades fabricadas, impostas por meio da publicidade e do consumo conspícuo. Assim o interesse social suplantaria a atual

precedência do interesse econômico e tanto levaria a uma nova agenda de investimentos como a uma nova hierarquia nos gastos públicos, empresariais e privados. Tal esquema conduziria, paralelamente, ao estabelecimento de novas relações internas a cada país e a novas relações internacionais. Num mundo em que fosse abolida a regra da competitividade como padrão essencial de relacionamento, a vontade de ser potência não seria mais um norte para o comportamento dos estados, e a ideia de mercado interno será uma preocupação central.

O autor chama a atenção para o papel dos movimentos sociais na conquista e garantia de direitos. De fato, nenhuma política social se faz sem luta, organização e mobilização. Tomemos como exemplo o Fórum Social Mundial, que teve sua primeira edição em 2001, na cidade de Porto Alegre, em contraponto à reunião dos países mais ricos no Fórum Econômico de Davos, na Suíça. O primeiro se constituiu com a missão de promover a reflexão e a busca de alternativas às políticas neoliberais e fomentar uma globalização solidária. As conferências mundiais* organizadas pelas Nações Unidas também são exemplos de concentração de forças em torno de temas que destacamos neste livro, das quais ressaltamos a Cúpula Mundial sobre a Criança, sobretudo aquela realizada em setembro de 2000, em Nova Iorque, na qual foram analisados os maiores problemas mundiais e assumidos compromissos listados nos Objetivos do

---

* Cúpula Mundial sobre a Criança – setembro de 1990, Nova Iorque, EUA; Conferência das Nações Unidas sobre Meio Ambiente e Desenvolvimento – junho, 1992, Rio de Janeiro, Brasil; Conferência Internacional sobre Direitos Humanos – junho, 1993, Viena, Áustria; Quarta Conferência Mundial sobre a Mulher – setembro, 1995, Pequim, China; Conferência Mundial contra o racismo, a discriminação racial, a xenofobia e as discriminações correlatas – julho e agosto de 2001, África do Sul.

Milênio (2009), popularmente conhecidos como *Oito jeitos de mudar o mundo*, que são:

1) Acabar com a fome e a miséria;
2) Educação de qualidade para todos;
3) Igualdade entre sexos e valorização da mulher;
4) Reduzir a mortalidade infantil;
5) Melhorar a saúde das gestantes;
6) Combater a Aids, a malária e outras doenças;
7) Qualidade de vida e respeito ao meio ambiente;
8) Todo mundo trabalhando pelo desenvolvimento.

Para construir uma nação cidadã, prescindimos de políticas e garantia de direitos entrelaçados: civis, políticos, sociais e mais humanos.

> **O nascimento de um cidadão***
>
> **Moacyr Scliar****
>
> Para renascer, e às vezes para nascer, é preciso morrer, e ele começou morrendo. Foi uma morte até certo ponto anunciada, precedida de uma lenta e ignominiosa agonia. Que teve início numa sexta-feira. O patrão chamou-o e disse, num tom quase casual, que ele estava despedido: contenção de custos, você sabe como é, a situação não está boa, tenho que dispensar gente.

---

* Esse texto foi autorizado para publicação pela da Editora Contexto: <http://www.editoracontexto.com.br>.
** Moacyr Scliar é médico e escritor.

Por mais que esperasse esse anúncio – que na verdade até tardara um pouco, muitos outros já haviam sido postos na rua – foi um choque. Afinal, fazia cinco anos que trabalhava na empresa. Um cargo modesto, de empacotador, mas ele nunca pretendera mais: afinal, mal sabia ler e escrever. O salário não era grande coisa, mas permitia-lhe, com muito esforço, sustentar a família, esposa e dois filhos pequenos. Mas já não tinha salário, não tinha emprego – não tinha nada.

Passou no departamento de pessoal, assinou os papéis que lhe apresentaram, recebeu seu derradeiro pagamento, e, de repente, estava na rua. Uma rua movimentada, cheia de gente apressada. Gente que vinha de lugares e que ia para outros lugares. Gente que sabia o que fazer.

Ele, não. Ele não sabia o que fazer. Habitualmente, iria para casa, contente com a perspectiva do fim de semana, o passeio no parque com os filhos, a conversa com os amigos. Agora, a situação era outra. Como poderia chegar em casa e contar à mulher que estava desempregado? A mulher, que se sacrificava tanto, que fazia das tripas coração para manter a casa funcionando? Para criar coragem, entrou num bar, pediu um martelo de cachaça, depois outro e mais outro. A bebida não o reconfortava, ao contrário, sentia-se cada vez pior. Sem alternativa, tomou o ônibus para o humilde bairro em que morava. A reação da mulher foi ainda pior do que ele esperava. Transtornada, torcia as mãos e gritava angustiada, o que é que vamos fazer, o que é que vamos fazer. Ele tentou encorajá-la, disse que de imediato procuraria emprego. De imediato significava, naturalmente, segunda-feira, mas antes disto havia o sábado e o domingo, muitas horas penosas que ele teria de suportar. E só havia um jeito de fazê-lo: bebendo. Passou o fim de semana embriagado. Embriagado e brigando com a mulher.

Quando, na segunda-feira, saiu de casa para procurar trabalho, sentia-se de antemão derrotado. Foi a outras empresas, procurou conhecidos, esteve no sindicato, como antecipara, as respostas eram negativas. Terça foi a mesma coisa, quarta também, e quinta, e sexta. Dinheiro esgotava-se rapidamente, tanto mais que o filho menor, de um ano e meio, estava doente e precisava ser medicado. E assim chegou o fim de semana. Na sexta à noite ele tomou uma decisão: não voltaria para casa.

Não tinha como fazê-lo. Não poderia ver os filhos chorando, a mulher a mirá-lo com o ar acusador. Ficou no bar até que o dono o expulsou, e depois saiu a caminhar, cambaleante. Era muito tarde, mas ele não estava sozinho. Na rua havia muitos como ele, gente que não tinha onde morar, ou que não queria um lugar para morar. Havia um grupo deitado sob uma marquise, homens, mulheres e crianças. Perguntou se podia ficar com eles. Ninguém lhe respondeu e ele tomou o silêncio como concordância. Passou a noite ali, dormindo sobre os jornais. Um sono inquieto, cheio de pesadelos. De qualquer modo, clareou o dia e quando isto aconteceu ele sentiu um inexplicável alívio: era como se tivesse ultrapassado uma barreira, como se tivesse se livrado de um peso. Como se tivesse morrido? Sim, como se tivesse morrido. Morrer não lhe parecia tão ruim, muitas vezes pensara em imitar o gesto do pai que, ele ainda criança, se atirara sob um trem. Muitas vezes pensava nesse homem, com quem nunca tivera muito contato, e imaginava-o sempre sorrindo coisa que em realidade raramente acontecia) e feliz. Se ele próprio não se matara, fora por causa da família; agora, que a família era coisa do passado, nada mais o prendia à vida.

Mas também nada o empurrava para a morte. Porque, num certo sentido, era um morto-vivo. Não tinha passado e também não tinha futuro. O futuro era uma incógnita que não se preocupava em desvendar. Se aparecesse comida, comeria; se aparecesse bebida, beberia (e bebida nunca faltava; comprava-a com as esmolas. Quando não tinha dinheiro sempre havia alguém para alcançar-lhe uma garrafa). Quanto ao passado, começava a sumir na espessa névoa de um ouvido que o surpreendia – como esqueço rápido as coisas, meu Deus – mas que não recusava; ao contrário, recebia-o como uma benção. Como uma absolvição. A primeira coisa que esqueceu foi o rosto do filho maior, garoto chato, sempre a reclamar, sempre a pedir coisas. Depois, foi o filho mais novo, que também chorava muito, mas que não pedia nada – ainda não falava. Por último, foi-se a face devastada da mulher, aquela face que um dia ele achara bela, que lhe aquecera o coração. Junto com os rostos, foram os nomes. Não lembrava mais como se chamavam. E aí começou a esquecer coisas a respeito de si próprio. A empresa em que trabalhara. O endereço da casa onde morara. A sua idade – para que precisava saber a idade? Por fim, esqueceu o próprio nome.

Aquilo foi mais difícil. É verdade que, havia muito tempo, ninguém lhe chamava pelo nome. Vagando de um lado para outro, de bairro em bairro, de cidade em cidade, todos lhe eram desconhecidos e ninguém exigia apresentação. Mesmo assim, foi com certa inquietação que pela primeira vez se perguntou: como é mesmo o meu nome? Tentou, por algum tempo, se lembrar. Era um nome comum, sem nenhuma peculiaridade, algo como José da Silva (mas não era José da Silva); mas isto, ao invés de facilitar, só lhe dificultava a tarefa. Em algum momento tivera uma carteira de identidade que sempre carregara consigo; mas perdera esse documento. Não se preocupava – não lhe fazia falta. Agora esquecia o nome... Ficou aborrecido, mas não por muito tempo. É alguma doença, concluiu, e esta explicação o absolvia: um doente não é obrigado a lembrar nada.

De qualquer modo, aquilo mexeu com ele. Pela primeira vez em muito tempo – quanto tempo? Meses, anos? – decidiu fazer alguma coisa. Resolveu tomar um banho. O que não era habitual em sua vida, pelo contrário: já não sabia mais há quanto tempo não se lavava. A sujeira formava nele uma crosta – que de certo modo o protegia. Agora, porém, trataria de lavar-se, de aparecer como fora no passado.

Conhecia um lugar, um abrigo mantido por uma ordem religiosa. Foi recebido por um silencioso padre, que lhe deu uma toalha, um pedaço de sabão e o conduziu até o chuveiro. Ali ficou, muito tempo, olhando a água que corria para o ralo – escura no início, depois mais clara. Fez a barba também. E um empregado lhe cortou o cabelo, que lhe chegara aos ombros. Enrolado na toalha foi buscar as roupas. Surpresa:

— Joguei fora – disse o padre. – Fediam demais.

Antes que ele pudesse protestar, o padre entregou-lhe um pacote:

— Tome. É uma roupa decente.

Ele entrou no vestiário. O pacote continha cuecas,

camisa, uma calça, meias, sapatos. Tudo usado, mas em bom estado. Limpo. Ele vestiu-se, olhou no espelho. E ficou encantado: não reconhecia o homem que via ali. Ao sair, o padre, de trás de um balcão, interpelou-o:

— Como é mesmo seu nome?

Ele não teve coragem de confessar que esquecera como se chamava.

— José da Silva.

O padre lançou-lhe um olhar penetrante – provavelmente todos ali eram José da Silva – mas não disse nada. Limitou-se a fazer uma anotação num grande caderno.

Ele saiu. E sentia-se outro. Sentia-se como que – embriagado? – sim, como que embriagado. Mas embriagado pelo céu, pela luz do sol, pelas árvores, pela multidão que enchia as ruas. Tão arrebentado estava que, ao atravessar a avenida, não viu o ônibus. O choque, tremendo, jogou-o à distância. Ali ficou, imóvel, caído sobre o asfalto, as pessoas rodeando-o. Curiosamente, não tinha dor, ao contrário, sentia-se leve, quase que como flutuando. Deve ser o banho, pensava.

Alguém se inclinou sobre ele, um policial. Que lhe perguntou:

— Como é que está, cidadão? Dá pra aguentar, cidadão?

Isso ele não sabia. Nem tinha importância. Agora sabia quem era. Era um cidadão. Não tinha nome, mas tinha um título: cidadão. Ser cidadão, para ele, o começo de tudo. Ou o fim de tudo. Seus olhos se fecharam. Mas seu rosto se abriu num sorriso. O último sorriso do desconhecido, o primeiro sorriso do cidadão.

Fonte: Scliar, 2008, p. 585-588.

capítulo 4

Identidades plurais

> Em todo o mundo as pessoas são mais afirmativas para exigir respeito pela sua identidade cultural. Muitas vezes, o que exigem é justiça social e mais voz política. Mas não é tudo. Também exigem reconhecimento e respeito... E importam-se em saber se eles e os filhos viverão em uma sociedade diversificada ou numa sociedade em que se espera que todas as pessoas se conformem com uma única cultura dominante (PNUD, 2004, p. 22).

Somos sujeitos históricos, afetados e influenciados pela dinâmica social. Nesse aspecto, nossas identidades ora são explícitas, ora implícitas, fluídas ou contidas, conforme a condição e o momento. Há autores que defendem que, em vez de identidade como coisa acabada, deveria tratar-se de uma **identificação**, posto que esta enseje um processo de desenvolvimento.

A complexidade e o inacabamento do sujeito apontam para a coexistência de múltiplas identidades que interagem e se apresentam (ou não), segundo Hall, citado por Moita Lopes (2002, p. 63): "Não é sempre o caso em que todas as nossas identidades sejam relevantes em todas as interações [...] [elas] se tornam relevantes nas interações nas quais estamos envolvidos."

De acordo com Silva (1995, p. 31): "Podemos conceber identidade como uma fusão dinâmica de traços que caracterizam, no tempo e no espaço, de maneira inconfundível, uma pessoa, um objeto ou qualquer outra entidade concreta." Para Cunha Júnior, (2005, p. 257), "a discussão das identidades está na base da discussão dos direitos dos grupos sociais e das lutas contra as hegemonias culturais, que são políticas e econômicas."

A construção da identidade opera num processo permanente de mutabilidade. Esse movimento de construção e afirmação identitária é contínuo e mediado pelo contexto histórico-social, numa recíproca interação do sujeito com o mundo. Esse processo não linear permite fragmentações e contradições ao longo da vida, nesse "vir-a-ser" permeado de afetividade, emoções, experiências e tantos outros elementos subjetivos que caracterizam o sujeito e o humanizam.

Castells (1999a, p. 23), no primeiro volume de sua trilogia, aponta para uma busca individual e coletiva no processo de identificação contemporânea: "Nesse mundo de mudanças confusas e incontroladas, as pessoas tendem a reagrupar-se em torno de identidades primárias: religiosas, étnicas, territoriais, nacionais". Pudemos perceber, nos últimos anos, o crescimento dos movimentos identitários, étnicos e religiosos, assim como descrito por Castells (1999a).

A globalização, um fenômeno desigual que privilegia uma hegemonia cultural ocidental, curiosamente contribuiu para ressaltar as fronteiras identitárias que fortaleceram as identidades locais. O pertencimento a determinado grupo de referência e a afirmação da identidade coletiva também são elementos que influenciam na construção da identidade individual e vice-versa, assim como a língua, a religião, o território e a história. Nesse sentido, merecem atenção alguns movimentos identitários que lutam contra a homofobia e pela liberdade de orientação sexual, por exemplo*. A sexualidade é uma das formas mais poderosas de distinção social, o que reflete a necessidade de agregar ao tema o debate em torno da cidadania, dos direitos e garantias individuais e universais. Em sociedades heteronormativas**, baseadas nos binarismos de gênero e no discurso hegemônico de estratificação sexual, as passeatas pelo orgulho e visibilidade *gay* são transgressoras; no entanto, tornaram-se um fenômeno crescente (e recente) em todo o mundo, particularmente no Brasil. Esse movimento emerge, cresce e se fortalece de maneira contra-hegemônica, rejeita o conceito de identidades fixas e as lógicas de ordenamento sexual (padrão heterossexual) socialmente legitimados.

A heteronormatividade está na ordem das coisas. Ela atravessa as práticas, as instituições (família, escola, igreja, sindicato, empresa), os modos de ser e viver. Então, baseados nessa concretude, podemos nos lançar ao desafio da reflexão: Como a escola trata os transgressores, os desviantes da norma e da moral? Que discursos produzem educadores, alunos e alunas sobre estes?

De acordo com Louro (2003, p. 57):

> Diferenças, distinções, desigualdades... A escola entende disso. Na verdade, a escola produz isso. Desde seu início, a instituição

---

* O termo atual oficialmente usado para a diversidade no Brasil é *LGBT* (lésbicas, *gays*, bissexuais, travestis, transexuais e transgêneros). A alteração do termo *GLBT* em favor de *LGBT* foi aprovada na 1ª Conferência Nacional GLBT realizada em Brasília no período de 5 e 8 de junho de 2008. A mudança de nomenclatura foi realizada a fim de valorizar as lésbicas no contexto da diversidade sexual e também de aproximar o termo brasileiro com o termo predominante em várias outras culturas (Parada Lésbica, 2009).

** *Heteronormatividade*: termo que admite como norma/aceitáveis as condutas e desejos sexuais ajustados ao binarismo masculino/feminino.

escolar exerceu uma ação distintiva. Ela se incumbiu de separar os sujeitos, tornando aqueles que nela entravam distintos dos outros, os que a ela tinham acesso. Ela dividiu também, internamente, os que lá estavam, através de múltiplos mecanismos de classificação, ordenamento, hierarquização [...].

Ainda corroborando a perspectiva de Castells (1999a, 1999b) sobre a tendência de nos reagruparmos em torno de grupos identitários, também destacaria o Movimento dos Trabalhadores Rurais sem Terra (MST) – atualmente um pouco mais contido, em função talvez dos canais de diálogo abertos com o governo federal, mas que esteve na mídia e nas ruas com considerável apoio da população. Para destacar apenas casos no Brasil, temos ainda o movimento religioso protestante, crescente em nosso país, que promove grandes eventos e produz novos dogmas em torno da fé.

As identidades estão sendo deslocadas ou fragmentadas abalando os quadros de referências dos indivíduos, o que Hall (2003a, p. 7) considera como "descentração do sujeito moderno, em que as velhas identidades, que por tanto tempo estabilizaram o mundo social, estão em declínio, fazendo surgir novas identidades e fragmentando o indivíduo moderno, até aqui visto como um sujeito unificado."

Prosseguindo em sua análise, Castells (1999a, 1999b) considera três formas distintas de construção de identidades:

1. **A identidade legitimadora:** produzida pelas instituições da sociedade civil no intuito de expandir e racionalizar sua dominação. Esse modelo tende a desaparecer dada a crise do Estado-Nação, principal fonte de legitimidade.

2. **A identidade de resistência**: que reúne grupos estigmatizados e excluídos pela lógica da dominação, (essa resistência coletiva leva à formação de comunas ou comunidades que são verdadeiras redes de proteção contra a opressão e hostilidade externas).
3. **A identidade de projeto**: que busca a transformação da estrutura social e produz o sujeito, conforme afirma Touraine, citado por Castells (1999b, p. 26):

> Chamo de sujeito o desejo de ser um indivíduo, de criar uma história pessoal, de atribuir significado a todo o conjunto de experiências da vida individual [...] A transformação de indivíduos em sujeitos resulta da combinação necessária de duas afirmações: a dos indivíduos contra as comunidades, e a dos indivíduos contra o mercado.

O pertencimento a determinado grupo de referência e a afirmação da identidade coletiva são elementos que fortalecem a construção da identidade individual e vice-versa. Além destes, a língua, a religião, o território e a história também são partes dessa construção, por isso, do ponto de vista antropológico ou sociológico, as identidades são todas construídas, não havendo uma essência, uma identidade "natural", mas um conjunto de significados baseados na diversidade.

Para vários estudiosos como Hall (2003a, 2003b), Todorov (1993) e Geertz (1987, 1997), o que caracteriza os seres e as sociedades humanas não é a similaridade, e sim a diferença. Essa diferença é o que nos unifica como seres humanos. Apesar disso, é ela também que têm servido de base para a construção de fenômenos etnocêntricos*.

> Esta estória, não necessariamente verdadeira, demonstra alguns dos importantes sentidos da questão do etnocentrismo.
>
> Ao receber a missão de ir pregar junto aos selvagens, um pastor se preparou durante dias para vir ao Brasil e iniciar no Xingu seu trabalho de evangelização e catequese. Muito generoso, comprou para os "selvagens": contas, espelhos, pentes etc.; modesto, comprou para si mesmo apenas um moderníssimo relógio digital capaz de acender luzes, alarmes, fazer contas, marcar segundos, cronometrar e até dizer a hora sempre absolutamente certa, infalível. Ao chegar, venceu as burocracias inevitáveis e, após alguns meses, encontrava-se em meio às sociedades tribais do Xingu distribuindo seus presentes e sua doutrinação. Tempos depois, fez-se amigo de um índio muito jovem que o acompanhava a todos os lugares de sua pregação e mostrava-se admirado de muitas coisas, especialmente do barulhento, colorido e estranho objeto que o pastor trazia no pulso e consultava frequentemente. Um dia, por fim, vencido por insistentes pedidos, o pastor perdeu seu relógio dando-o, meio sem jeito e a contragosto, ao jovem índio.
>
> A surpresa maior estava, porém, por vir. Dias depois, o índio chamou-o apressadamente para mostrar-lhe, muito

---

* Etnocentrismo é uma visão de mundo pela qual o nosso próprio grupo é tomado como centro e os outros são pensados e sentidos através dos nossos valores, nossos modelos, nossas definições do que é a existência. Pode ser visto como a dificuldade de pensarmos a diferença; no plano afetivo, sentimentos de estranheza, medo, hostilidade etc.

feliz, seu trabalho. Apontando seguidamente o galho superior de uma árvore altíssima nas cercanias da aldeia, o índio fez o pastor divisar, não sem dificuldade, um belo ornamento de penas e conta multicores, no centro do qual estava o relógio. O índio queria que o pastor compartilhasse a alegria da beleza transmitida por aquele novo e interessante objeto. Quase indistinguível em meio às penas e contas e, ainda por cima, pendurado a vários metros de altura, o mínimo e sem nenhuma função, contemplava o sorriso inevitavelmente amarelo no rosto do pastor. Fora-se o relógio. Passados mais alguns meses, o pastor também se foi, de volta para casa. Sua tarefa seguinte era entregar aos superiores seus relatórios e, naquela manhã, dar uma ultima revisada na comunicação que iria fazer em seguida a seus colegas em um congresso sobre evangelização. Seu tema: "A catequese e os selvagens". Levantou-se, deu uma olhada no relógio novo – quinze para as dez – era hora de ir. Como que buscando uma inspiração de última hora, examinou detalhadamente as paredes do seu escritório. Nelas, arcos, flechas, tacapes, bordunas, cocares e até uma flauta formavam uma bela decoração. Rústica e sóbria ao mesmo tempo, a decoração trazia-lhe estranhas lembranças. Com o pé na porta ainda pensou e sorriu para si mesmo: engraçado o que aquele índio fizera com o seu relógio.

Privilegiaram ambos as funções estéticas, ornamentais, decorativas de objetos que, na cultura do "outro", desempenhavam funções que seriam principalmente técnicas. Para o pastor, o uso inusitado do seu relógio causou tanto espanto quanto causaria ao jovem índio conhecer o uso que o pastor deu a seu arco e flecha. Cada um "traduziu", nos termos de sua própria cultura, o significado dos objetos, cujo sentido original foi forjado na cultura do "outro". O etnocentrismo passa exatamente por um julgamento do valor da cultura do "outro".

Essa estória representa o que se poderia chamar, se isso fosse possível, de um etnocentrismo "cordial", já que ambos – o índio e o pastor – tiveram atitudes concretas sem maiores consequências. No mais das vezes, o etnocentrismo implica uma apreensão do "outro" que se reveste de forma bastante violenta. Como já vimos, pode colocá-lo como "primitivo", como "algo a ser destruído", como "atraso ao desenvolvimento", (fórmula, aliás, muito comum e de uso geral no etnocídio, na matança dos índios).

Ao "outro" negamos aquele mínimo de autonomia necessária para falar de si mesmo.

Fonte: Adaptado de Rocha, 1999, p. 7-22.

capítulo 5

Identidades de gênero

> A divisão entre os sexos parece estar na ordem
> das coisas [...], ela está presente, ao mesmo
> tempo, em estado objetivado [...], em todo
> o mundo social e, em estado incorporado, nos
> corpos e nos habitus dos agentes, funcionando
> como sistemas de esquemas de percepção, de
> pensamento e de ação (Bourdieu, 2002, p. 17).

A abordagem do conceito de gênero, entendido este como categoria simbólica das representações do masculino e feminino construídas social e culturalmente, deve-se à sua imbricação com a construção da cidadania. Não há como garantir cidadania com relações hierarquicamente desiguais entre homens e mulheres. Nessa perspectiva, gostaríamos de esclarecer algumas questões ambíguas e frequentes acerca do binômio gênero e sexo. Sexo é a identidade biológica do indivíduo, enquanto gênero é a percepção de mundo, das relações de dominação, conflitos entre os sexos, definição de papéis, divisão sexual do trabalho e outras discussões atravessadoras desse universo. Esse conceito, ainda em discussão, agrega correntes com pontos de vista diferentes: os que defendem a igualdade e os que ressaltam as diferenças entre homens e mulheres. Esse debate aguçado pelo movimento feminista no século XX, segundo Boff e Muraro (2002, p. 78), "colocou em xeque o projeto do patriarcado e desconstruiu as relações de gênero, organizadas sob o signo da opressão e da dependência, e, por outro, inaugurou relações mais simétricas entre os gêneros."

> No ano de 1992, com um atraso de séculos, a Declaração de Direitos Humanos de Viena reconheceu que a violência contra as mulheres e as meninas viola os direitos humanos. Em 1995, a Convenção de Belém do Pará ratificou essa posição ao elaborar um estatuto interamericano que tipifica as violências de gênero. Outras conferências internacionais da ONU, como a de Paz e Desenvolvimento de Pequim e a Convenção sobre a Eliminação de Todas as Formas de Discriminação, somaram-se a estas e reconheceram a violência de gênero como um obstáculo à democracia e ao desenvolvimento das sociedades, devendo ser enfrentada para que se eliminem as mais profundas desigualdades. A Organização Mundial da Saúde (OMS) reconhece o fenômeno como uma epidemia, que produz agravos à saúde física, psíquica e sexual das mulheres e meninas, devendo ser enfrentado com políticas públicas e a punição dos agressores.
>
> No Brasil, desde 2006, a Lei nº 11.340/2006* (Lei Maria da Penha) estabelece mecanismos para erradicar e punir a violência contra as mulheres.

Da polarização das relações entre homens e mulheres, que se constroem um em oposição ao outro, surge uma terceira corrente que ressalta a complementaridade entre igualdade e diferença e propõe a desconstrução dessa oposição. Para Scott (1990), igualdade remete à desigualdade, enquanto diferença contrapõe-se à semelhança; assim, a luta deve ser pela igualdade na diferença.

---

* Para ver a Lei nº 11.340/2006 na íntegra, acesse o *site*: <http://www.planalto.gov.br/ccivil_03/_Ato2004-2006/2006/Lei/L11340.htm>.

Segundo Scott, citado por Louro (1996, p. 14):

> Não é identidade entre homens e mulheres que queremos reclamar, mas uma diversidade historicamente variável mais complexa do que aquela que é permitida pela oposição macho/fêmea, uma diversidade que é também diferentemente expressada para diferentes propósitos em diferentes contextos. Na verdade, a dualidade criada por essa oposição traça uma linha de diferença, investe-a com explanações biológicas, e então trata cada lado da oposição como fenômeno unitário. [...] Em contraste, nossa meta é ver não somente diferenças entre os sexos, mas também o modo como essas [sic] trabalham para represar as diferenças dentro dos grupos de gênero. A identidade construída em cada lado da oposição binária esconde o múltiplo jogo de diferenças e mantém sua irrelevância e invisibilidade.

Analisaremos aqui a importância crescente desses estudos no cenário acadêmico e também na construção de políticas públicas específicas, resultantes dessas pesquisas. Em contrapartida, os estudos acerca da masculinidade na perspectiva socioantropológica são relativamente recentes e apontam para uma construção social histórica e imutável, assim como a feminilidade, sendo que a forma de significar e estar no mundo varia conforme os gêneros.

Segundo Garcia (1998, p. 36):

> A antropologia feminista vem examinando a masculinidade através das culturas, enfatizando as variações de comportamento e atributos associados ao que é ser homem. Margareth Mead (1935) já apontava para a variação entre culturas na prescrição dos papéis de gênero, demonstrando que a cultura era a causa mais decisiva das diferenças.

De acordo com Scott (1990, p. 14), o gênero é um elemento constitutivo de relações sociais baseado nas diferenças percebidas entre os sexos, sendo uma forma primeira de significar as relações de poder. A autora enumera ainda alguns elementos relacionados na construção do conceito de gênero: símbolos culturais, conceitos normativos, representação binária dos gêneros e identidade subjetiva. Os símbolos culturais são dotados de representações simbólicas que variam segundo o contexto. Por exemplo, Eva, símbolo feminino da tradição cristã, tanto pode ser mito de inocência quanto de corrupção.

Os conceitos normativos são veiculados pelas instituições religiosas, educativas, científicas, políticas ou jurídicas, em que a posição dominante se apresenta como a única possível. A autora procura incluir o aspecto político nas relações de gênero, a fim de acabar com a noção de fixidade que representa o masculino e o feminino como oposições binárias. Para Scott (1990), a identidade subjetiva deve ser examinada no processo histórico, por isso critica a pretensão universal da psicanálise, a qual considera que a identidade de gênero está baseada unicamente no medo da castração.

Pesquisas em diferentes culturas demonstram que a subordinação feminina se dá no plano material, político e simbólico (Nolasco, 1993). Um exemplo desse processo é a divisão sexual do trabalho que reserva às mulheres tarefas monótonas, repetitivas e socialmente desvalorizadas. Há ainda os ritos de iniciação (ou de instituição, segundo Bourdieu, 2002), que visam instituir a virilidade e a masculinidade nos meninos e abolir os laços maternos. Em *A dominação masculina*, Bourdieu (2002) revela que os meninos da sociedade dos berberes da Cabília, em geral são criados pelas mulheres até os dez anos, quando são bruscamente separados delas para conviverem entre homens e ritos que objetivam superar as influências femininas e torná-los homens.

A sociedade dispõe de diversas instituições que têm contribuído, histórica e decisivamente, para as relações desiguais entre homens e mulheres. A reprodução social, que manteve mecanismos de manutenção da ordem social, reprodução cultural e de valores morais, começava na família, na divisão sexual do trabalho e na Igreja, a partir de uma moral familiarista, dogmática, marcada pelo antifeminismo que condenava as mulheres à inferioridade e ao confinamento no mundo privado. A escola, mesmo conquistando autonomia ao se libertar da dominação religiosa, continuou a transmitir seus dogmas, mas, paradoxalmente, foi a partir dela que avançamos na transformação das estruturas sociais, tanto nas famílias e na reprodução da diferença entre os gêneros como no acesso da mulher à instrução e à independência econômica.

Embora o significativo ingresso de mulheres nas instituições de ensino superior seja um fato positivo, na prática elas continuam excluídas dos cargos de autoridade e poder, principalmente nas áreas da economia e da política. Há um evidente crescimento da atuação da mulher em profissões ligadas ao ensino, assistência social e atividades paramédicas, identificadas como atividades femininas, maternais e com o cuidar, conforme confirma Bourdieu (2002, p. 109-111):

> Nas faculdades de Medicina a porção de mulheres decresce à medida que sobe na hierarquia das especialidades, como a cirurgia,

lhes são praticamente interditadas, ao passo que outras, como a pediatria ou a ginecologia lhes estão quase que reservadas.

[...] A melhor prova das incertezas do estatuto atribuído às mulheres no mercado de trabalho, reside, sem dúvida, no fato de que elas são sempre menos remuneradas que os homens, e mesmo quando todas as coisas são em tudo iguais, elas obtêm cargos menos elevados com os mesmos diplomas e, sobretudo, são mais atingidas, proporcionalmente, pelo desemprego, pela precariedade de empregos e relegadas com mais facilidade a cargos de trabalho parcial - o que tem, entre outros efeitos, o de excluí-las quase que infalivelmente dos jogos de poder e das perspectivas de carreira.

Aos homens cabe uma tarefa hercúlea, pois são cotidianamente desafiados a manterem o *status* do macho. Nesse sentido, a dominação masculina não está somente sobre as mulheres, mas também na competição entre os próprios homens e na dominação de uns sobre os outros. Nessa hierarquização social, o referencial dominante pode ser traduzido por um elenco de características: homem, branco, heterossexual, ocidental, cristão. A naturalização da ordem social masculina, no espaço público ou privado, marca a divisão sexual e social de forma assimétrica, sendo a dominação incorporada.

A divisão sexual do trabalho, segundo Scott, não é um reflexo das relações econômicas, as quais são construídas nos discursos fundantes que legitimam essa divisão.

Rago (1998, p. 28), ao citar Scott, descreve:

Para ela, o discurso masculino, que estabeleceu a inferioridade física e mental das mulheres, que definiu a partilha "aos homens, a madeira e os metais" e "às mulheres, a família e o tecido" provocou "uma divisão sexual da mão de obra no mercado de trabalho, reunindo as mulheres em certos empregos, substituindo-as sempre por baixo de uma hierarquia profissional, e estabelecendo seus salários em níveis insuficientes para sua subsistência".

Foucault, citado por Louro (2003), no entanto, considera que os discursos estão imbricados numa dinâmica complexa, numa rede de relações em que ora atuam como instrumento de poder, ora como resistência à sua efetivação. As relações de poder são, na visão do autor, tensas, em permanente atividade de negociação, constituídas de avanços, recuos, alianças e resistências. Conforme ainda Foucault, citado por Louro (2003, p. 42-43):

> [...] não se deve imaginar um mundo do discurso dividido entre o discurso admitido e o discurso excluído, ou entre o discurso dominante e o dominado; mas, ao contrário, como uma multiplicidade de elementos discursivos que podem entrar em estratégias diferentes.[...] Os discursos, como os silêncios, nem são submetidos de uma vez por todas ao poder, nem expostos a ele. É preciso admitir um jogo complexo e instável em que o discurso pode ser, ao mesmo tempo, instrumento e efeito de poder, e também obstáculo, escora, ponto de resistência e ponto de partida de uma estratégia oposta. O discurso veicula e produz poder; reforça-o, mas também o mina, expõe, debilita e permite barrá-lo.

Como vimos, as identidades são sempre construídas e, nesse sentido, mutáveis. Às identidades sexuais ou de gênero agregamos outros pertencimentos: raça, classe social etc. (índios, brancos, negros, ricos ou pobres). Como enfatiza Louro (2003), não há determinado momento – seja este o nascimento, a adolescência ou a maturidade – que possa ser tomado como aquele em que a identidade sexual e/ou a identidade de gênero seja "assentada" ou estabelecida. As identidades são instáveis e, portanto, passíveis de transformação.

Com o avanço da ordem capitalista, a partir da Revolução Industrial, padrões comportamentais masculinos e a ideologia patriarcal foram potencializados. Segundo Nolasco (1993, p. 54): "A prosperidade do sistema capitalista depende da manutenção dos valores e do modelo de comportamento dos homens". Para o autor, o trabalho tem uma função masculina, pois através dele se alcança o reconhecimento e, por conseguinte, a aceitação social. Nolasco entende que a crise na identidade masculina se inicia no mundo do trabalho e da família, e não com o feminismo.

Segundo Tolson, citado por Nolasco (1993, p. 55):

> Os modelos do comportamento masculino – gestos, hábitos, tom de voz – tornam-se instintivos, e a rotina de trabalho, horário de atividade e descanso configura um padrão de conjunto da vida cotidiana. Até a sexualidade de um homem acaba por ser regulada por esta disposição de base frente ao trabalho, cuja complexidade é agravada pela existência do desemprego, quando toda a existência do homem é posta em crise.

De fato, alguns estudos analisam a problemática de "ser homem" – os conflitos e dificuldades que essa condição expressa – sugerindo uma flexibilidade de papéis. Segundo Matos (2000), essa perspectiva, entretanto, não altera as dinâmicas de poder. Enquanto a maioria dos estudos até então denunciavam os abusos do poder do homem sobre as mulheres, há novos estudos que abordam a "questão-crise" masculina. Para a autora (Matos, 2000, p. 74), é necessário superar a dicotomia entre "vitimização e onipotência" masculina:

Destaca-se a necessidade de estudos críticos dos estereótipos masculinos associados a enfoque analítico sobre a construção da masculinidade à manutenção das hegemonias e todas as forças, poder, agressividade, decisão, capacidade de domínio e iniciativa para se desenvolver uma trama de poder que permeiam as relações de gênero.

Para Cecchetto (2004, p. 61), a crise da masculinidade se origina nas transformações globais do início do século XX e avança com o movimento feminista e pelos direitos civis nos Estados Unidos. Explica-se esse fenômeno pelo afastamento da maioria dos homens do padrão hegemônico, pois nem todos vivem à altura desse modelo de masculinidade: "a vontade de libertação do homem do pesado fardo da virilidade é considerado o motor da chamada crise da masculinidade."

Segundo Kimmel, citado por Cecchetto (2004, p. 66):

> O desafio à concepção de masculinidade hegemônica surgiu de homens cujas masculinidades são vistas como desviantes: os homens negros e os homens homossexuais, desde a virada do século têm fornecido visões clássicas de identidade de gênero subalterna. Eles foram vistos como antiparadigmas contra os quais os homens brancos projetaram suas ansiedades de gênero. Assim, a definição da masculinidade é um procedimento político: envolve a criação de outros, que sirvam como pano de fundo contra o qual se constrói a visão da hegemonia por oposição à subalternidade.

Bourdieu (2002, p. 65) analisa o quanto o privilégio masculino é também uma cilada, na medida em que impõe ao homem o dever de afirmar sua virilidade a todo tempo, tornando essa exigência cotidiana um verdadeiro fardo:

Como a honra – ou a vergonha, seu reverso, que, como sabemos, à diferença de culpa, é experimentada diante dos outros –, a virilidade tem que ser validada pelos outros homens, em sua verdade de violência real ou potencial, e atestada pelo reconhecimento de fazer parte de um grupo de "verdadeiros homens". Inúmeros ritos de instituição, sobretudo os escolares ou militares, comportam verdadeiras provas de virilidade, orientadas no sentido de reforçar solidariedades viris.

O autor exemplifica as provas que atestam virilidade com as provas de força e coragem exigidas nas corporações militares, por policiais e por grupos de jovens delinquentes, os quais, por temerem perder o respeito e a estima dos colegas e serem considerados fracos e afeminados, submetem-se (e submetem os outros) a exercícios de violência e provas de bravura. A virilidade é, assim, construída de forma relacional, de homens para outros homens, opondo-se à feminilidade.

O controle das emoções, que condicionam meninos desde a tenra idade – "homem não chora" –, também é coadjuvante nesse processo de construção da masculinidade. Enquanto as mulheres foram (e ainda são) incentivadas a expressarem suas emoções, os homens são treinados a controlá-las ou suprimi-las, postura esta associada à virilidade e à razão. Todos esses elementos reunidos atuam de maneira contundente sobre a sexualidade de homens e mulheres, criando um hiato entre os casais na medida em que esse poder simbólico, exercido no espaço público, desloca-se para a esfera privada e nela se impõe.

Para estruturar a hierarquia masculina, o homem pode recorrer aos mitos (Eva saiu da costela de Adão) e à moral, que exige da mulher um comportamento casto, submisso e virtuoso. A gravidez, um ícone nesse ideário, atribui à mulher a função de cuidar e, ao homem, a de prover. Assim, para preservar esse modelo de união, de casamento, a fidelidade torna-se princípio, meio e fim. Mas nem sempre foi assim. Segundo Dupuis, citado por Nolasco (1993, p. 37):

> Há seis ou sete milênios, as sociedades mais adiantadas descobriram a relação entre o ato sexual e a procriação. Isto levou-as a tomar consciência da paternidade. Tal novidade acarretou de modo imperceptível uma revolução profunda, que transformou as estruturas sociais e os comportamentos sexuais.
> [...] Os primeiros homens que tomaram consciência do princípio da procriação só puderam fazê-lo num contexto que permitia o controle da sexualidade. [...] quando os animais começaram a ser mantidos em cativeiro, logo tornou-se evidente que não se poderia matar preferencialmente o macho para conservar apenas as fêmeas, porque então elas se tornavam estéreis. A partir dessa experiência, esboçou-se uma reflexão que conduziu progressivamente à ideia de paternidade. Portanto, foi na época neolítica que os povos mais evoluídos tomaram consciência da paternidade.

A revolução de que nos fala o autor, a qual transformou as estruturas sociais e os comportamentos sexuais, pode ser traduzida pelo papel dominante que o homem assumiu ao se perceber corresponsável pela procriação, derivando dessa descoberta o desejo de fidelidade e o controle sobre a sexualidade feminina que garantisse uma prole legítima. Os casamentos se tornaram um negócio entre famílias e as mulheres tiveram sua atuação reduzida à procriação (até bem recentemente). Desse contexto, nasce a dicotomia entre as categorias casa/rua para homens e mulheres. Atribui-se à casa, entre outras representações, o abrigo dos perigos, o aconchego e o calor (como revela a palavra latina *lar**)*; a rua é o mundo, o novo, o movimento e a ação. Essas demarcações se estendem ao domínio masculino e feminino, reservando à mulher o confinamento do lar e possibilitando ao homem a vastidão do espaço público. Segundo DaMatta (1997, p. 95): "Tudo pois, que remete ao uso, cuidado e recuperação do corpo – e que, como consequência, implica descanso e renovação – está ligado ao mundo doméstico. Já as ações ligadas aos aspectos externos do mundo social dizem respeito ao mundo público, ao mundo da rua".

De acordo com Bourdieu (2002, p. 7-8):

> Também sempre vi na dominação masculina, e no modo como é imposta e vivenciada, o exemplo por excelência desta submissão paradoxal, resultante daquilo que eu chamo de violência simbólica, violência suave, insensível, invisível a suas próprias vítimas, que se exerce essencialmente pelas vias puramente simbólicas da comunicação e do conhecimento, ou mais precisamente, do desconhecimento, do reconhecimento, ou em última instância, do sentimento.

Homens e mulheres nem sempre percebem a violência simbólica que Bourdieu denuncia. A dominação masculina, tão naturalizada, é sentida como algo inerente ao homem e, por essa razão, muitas mulheres acabam por incorporar a violência da submissão. Nesse sentido, cabe dar destaque à

---

* **Lar** – *sm* (*lat lare*) 1 Lugar na cozinha em que se acende o fogo; lareira; fogão. 2 Superfície do forno onde se põe o pão para cozer. 3 Face inferior do pão, que fica assente sobre a superfície do forno. 4 Torrão natal; pátria. 5 Casa de habitação. 6 Família. *sm pl* Nome dos deuses familiares e protetores do lar doméstico, entre os romanos e etruscos. *L. doméstico*: a casa da família. Disponível em: <http://michaelis.uol.com.br/moderno/portugues/index.php?lingua=portugues-portugues&palavra=lar>.

promulgação da Lei nº 11.340/2006, também conhecida como Lei Maria da Penha, que define a violência doméstica contra a mulher e a considera violação dos direitos humanos:

[...]
Art. 5º Para os efeitos desta Lei, configura violência doméstica e familiar contra a mulher qualquer ação ou omissão baseada no gênero que lhe cause morte, lesão, sofrimento físico, sexual ou psicológico e dano moral ou patrimonial:
I – no âmbito da unidade doméstica, compreendida como o espaço de convívio permanente de pessoas, com ou sem vínculo familiar, inclusive as esporadicamente agregadas;
II – no âmbito da família, compreendida como a comunidade formada por indivíduos que são ou se consideram aparentados, unidos por laços naturais, por afinidade ou por vontade expressa;
III – em qualquer relação íntima de afeto, na qual o agressor conviva ou tenha convivido com a ofendida, independentemente de coabitação.
Parágrafo único. As relações pessoais enunciadas neste artigo independem de orientação sexual.
Art. 6º A violência doméstica e familiar contra a mulher constitui uma das formas de violação dos direitos humanos.
[...]

Entre as manifestações da estrutura de poder a partir do gênero, a violência contra a mulher atravessa fronteiras de classe social, etária, racial, religiosa ou de níveis de escolaridade e ameaça a integridade da mulher nos planos físico, sexual ou simbólico. Poderíamos supor, ainda, que a mulher está em permanente risco, num certo "estado de violência" dissimulada, fluída. Sofre ainda depreciações, humilhações, manipulação e exposição gratuita do corpo (em que o erotismo e a sexualidade são devassados) e a naturalização dos comportamentos ("mulheres são mais sensíveis", tem "espírito maternal" etc.). Essas são apenas algumas das inúmeras formas de violência simbólica sobre o ser feminino, assentadas sobre o paradigma do cuidar, que contribui para fortalecer o seu "lugar" em determinadas profissões, entre elas, o magistério.

Segundo Louro, citado por Hypólito (1997, p. 59):

> Assim constrói-se a relação magistério-domesticidade, ou seja, entende-se que o magistério é mais adequado para a mulher, por exigir o cuidado de crianças; ser professora é, de certa forma, uma extensão do papel de mãe. Além disso, o magistério passa a ser visto também como um bom preparo para a futura mãe de família.

O magistério como profissão feminina se constitui sob aspectos culturais relevantes, como a relação entre a maternidade e a atividade docente, no sentido de uma "habilidade natural em cuidar de crianças", e a compatibilização de horários que permitiria à mulher conciliar sua dupla jornada de trabalho e a aceitação social. Acrescentamos ainda o ideário da vocação entendida como sacerdócio ou missão. Esses conceitos remetem a uma época em que a educação era responsabilidade do clero, de onde advém o termo *professor* – aquele "que professa a fé e fidelidade aos princípios da instituição e se doa sacerdotalmente aos alunos, com parca remuneração aqui, mas farta na eternidade" (Kreutz, citado por Hypolito, 1997, p. 19).

De acordo com Costa (2003, p. 200):

> As escolas são lugares de muitas reinações dos femininos. Nelas, no caso brasileiro, as mulheres têm farta visibilidade e muito

poder em relação às crianças e aos jovens. Em geral, as escolas públicas expõem profundas desigualdades sociais entre homens e mulheres, entre crianças, jovens e adultos, mas também entre crianças, jovens e adultos de diferentes sexos, etnias e classes e outros atributos. Tudo isso em conjunto reforça um poder disciplinador, corporificado tantas vezes em clássicas representações de mães e tias. O poder maternal cresce em significados, moldando padrões de obediência à tirania, também um atributo feminino, perfeitamente compatível com imagens de mãe.

As constantes mudanças sofridas na sociedade contemporânea e no mundo do trabalho apontam para uma nova configuração do perfil dos profissionais da educação. Estudos confirmam um ingresso progressivo de homens no magistério. Segundo análises de Codo, citado por Vieira (2002), esse movimento decorre da terceirização da economia que excluiu trabalhadores da indústria, os quais migraram para outros setores, e também de mudanças na identidade de gênero, em que as características atribuídas exclusivamente às mulheres tornaram-se residuais. Ainda segundo Codo, citado por Vieira (2002, p. 29): "Estamos hoje em face de um processo gradual de desfeminização da atividade docente." Entretanto, ainda se mantém a característica histórica da profissão como um fazer feminino.

Conforme Fontana (2000, p. 35-36):

> As diferenças de gênero fazem diferença no processo de construção de nossa subjetividade (os sujeitos são sexuados) e na constituição do nosso ser e fazer profissional. Elas imprimem especificidade e nuances a esses processos, do mesmo modo que a escola, sendo hoje um local de trabalho feminino, mediatiza os modos como nós, mulheres, e os homens, nossos parceiros, vivenciamos

a condição feminina e a difundimos [...] nossos alunos apreendem, apesar de nossa intencionalidade, no cotidiano escolar, modos velados de "ser mulher", valores religiosos difusos e identidades raciais em luta, que emergem por entre aquilo que dizemos e o muito que silenciamos (nas palavras, nos gestos e nos ritos).

Retomaremos a formulação de políticas públicas específicas para mulheres citando, além da Lei Maria da Penha, a criação, pelo governo federal, da Secretaria Especial de Políticas para as Mulheres e suas correlatas em níveis estaduais e municipais. Projetos em atenção às mulheres em situação de risco social, vítimas de violência, de discriminação, e ao direito reprodutivo, à saúde e à vida digna. Somam-se ao projeto institucional de esfera nacional e internacional o trabalho dos movimentos social feminista e de mulheres negras, além da realização de conferências e a criação dos conselhos da mulher, que atuam em prol da equidade de gênero.

Entretanto, é bom lembrar que a luta pela liberdade, contra a opressão, pela participação das mulheres na esfera pública, como sujeitos históricos, não tem sido narrada. Na história oficial, escrita por mãos guiadas por mentes masculinas, à mulher coube um lugar secundário e pouco representativo, uma "história mal contada".

Este capítulo integra este livro a fim de chamar a atenção de educadores e educadoras para a reprodução de comportamentos e atitudes que legitimam ações simbólicas ou contundentes, mas que expressam diferentes formas de violência, condutas e reflexões discriminatórias relativas ao gênero e/ou à orientação sexual de alunas e alunos no dia a dia da escola.

Sobrevivi... Posso contar

Maria da Penha Maia Fernandes, biofarmacêutica cearense, hoje com 61 anos, fez da sua tragédia pessoal uma bandeira de luta pelos direitos da mulher e batalhou durante 20 anos para que fosse feita justiça. O seu agressor, o professor universitário de economia Marco Antonio Herredia Viveros, era também o seu marido e pai de suas três filhas. Na época ela tinha 38 anos e suas filhas idades entre 6 e 2 anos.

Na primeira tentativa de assassinato, em 1983, Viveros atirou em suas costas enquanto ainda dormia, alegando que tinha sido um assalto. Depois do disparo, foi encontrado na cozinha, gritando por socorro. Dizia que os ladrões haviam escapado pela janela. Maria da Penha foi hospitalizada e ficou internada durante quatro meses. Voltou ao lar paraplégica e mantida em regime de isolamento completo. Foi nessa época que aconteceu a segunda tentativa de homicídio: o marido a empurrou da cadeira de rodas e tentou eletrocutá-la embaixo do chuveiro.

Herredia foi a júri duas vezes: a primeira, em 1991, quando os advogados do réu anularam o julgamento. Já na segunda, em 1996, o réu foi condenado a dez anos e seis meses, mas recorreu. Com a ajuda de diversas ONGs, Maria da Penha enviou o caso para a Comissão Interamericana de Direitos Humanos (OEA), pela demora injustificada em não se dar uma decisão ao caso. A sentença foi mantida, debaixo de pressões locais e internacionais. O caso chegou à Comissão Interamericana dos Direitos Humanos da Organização dos Estados Americanos (OEA), que acatou a denúncia de um crime de violência doméstica pela primeira vez. Viveros foi preso em 28 de outubro de 2002 e cumpriu apenas dois anos de prisão. Hoje está em liberdade.

Após as tentativas de homicídio, Maria da Penha começou a atuar em movimentos sociais contra violência e impunidade e hoje é coordenadora de Estudos, Pesquisas e Publicações da Associação de Parentes e Amigos de Vítimas de Violência (APAVV) no Ceará. A história de Maria da Penha pode ser conhecida na biografia que escreveu em 1994, intitulada "Sobrevivi... Posso contar". Hoje ela atua junto à Coordenação de Políticas para as Mulheres da prefeitura de Fortaleza, é considerada símbolo contra a violência doméstica e batizou a Lei de Violência Doméstica e Familiar contra a Mulher, sancionada pelo presidente Lula, no dia 7 de agosto de 2006.

Fonte: Valdes, 2009.

capítulo 6

Racismo à brasileira

> Eles representam quase a metade da população brasileira.
> No Censo Demográfico aparecem como pretos e pardos.
> Nos últimos quinhentos anos, foram responsáveis por boa parte do
> serviço duro e pesado que resultou na construção deste País.
> Contudo, na hora da divisão dos frutos desse esforço,
> eles ficaram com as sobras
> (Rezende Pinto, 2003, p. 15).

Ainda hoje sobrevive o preconceito entre os que não suportam a convivência com os grupos distintos dos seus, gerando situações, estigmas e desqualificação que, por sua vez, demarcam lugares sociais.

O racismo* no Brasil assume características distintas das de outros países. Apesar de sua "invisibilidade", suas ações são eficazes, excluindo para além das questões sociais: os negros se veem descartados dos principais centros de decisão política e econômica, sofrendo desvantagens no processo competitivo e em sua mobilização social e individual. Isso significa, simbolicamente, corte de poder e exclusão social, levando à alienação e à depreciação da identidade pessoal e étnica (D'Adesky, 2001).

Segundo Diop e Alioune, citados por Gilroy (2001, p. 366):

> [...] Estamos dispersos pelos quatro cantos do mundo, segundo os ditames da hegemonia ocidental... O efeito de uma presença

---

* **Racismo** é a convicção de que existe uma relação entre as características físicas hereditárias, como a cor da pele, e determinados traços de caráter e inteligência ou manifestações culturais. O racismo subentende, ou afirma claramente, que existem raças puras, que estas são superiores às demais e que tal superioridade autoriza uma hegemonia política e histórica, pontos de vista contra os quais se levantam objeções consideráveis.

africana no mundo será o de aumentar a riqueza da consciência humana e [...] alimentar a sensibilidade do homem com valores, ritmos e temas mais ricos e mais humanos [...].

A diáspora africana* – fenômeno mundial – encontrou no Brasil campo fértil de desenvolvimento. Aliado a ela, tivemos ainda, desde a abolição, a construção do ideal de branqueamento, o qual podemos identificar como uma das modalidades do racismo "à brasileira". A valorização da mistura racial brasileira se contrapõe à estética negra e pretende, através de relações inter-raciais, branquear novas gerações, conforme destaca Nogueira (1985, p. 84): "quando o filho do casal misto nasce branco, também se diz que o casal teve 'sorte'; quando nasce escuro, a impressão é de pesar". Esse quadro contribui para a crise de identidade que negros e mestiços vivem à medida que pensam ter acesso ao branqueamento, o que contribui para enfraquecer laços na luta contra o preconceito e resulta na invisibilidade que o racismo assume no Brasil.

Segundo Munanga (1996, p. 215):

> O silêncio, o implícito, a sutileza, o velado, o paternalismo são alguns aspectos dessa ideologia. O racismo brasileiro na sua estratégia age sem demonstrar a sua rigidez, não aparece à luz; é ambíguo, meloso, pegajoso, mas altamente eficiente em seus objetivos. Essa ideologia é difundida no tecido social como um todo e influencia o comportamento de todos, de todas as camadas sociais e até mesmo as próprias vítimas da discriminação

---

* O termo *diáspora* (em grego antigo, διασπορα – "dispersão") significa dispersão de um povo em consequência de preconceito ou perseguição política, religiosa ou étnica (Houaiss; Villar; Franco, 2009, p. 681).

racial. Discutir a questão da pluralidade étnica, e em especial da sua representação nas instituições públicas e nas demais instituições do país, ainda é visto como um tabu na cabeça de muitas pessoas, pois é contraditória à ideia de que somos um país de democracia racial.

Considero ser a raça uma realidade social construída política e culturalmente, uma categoria social de dominação e de exclusão presente na sociedade brasileira, capaz de manter e de reproduzir desigualdades e privilégios.

Segundo a *Revista Integração* (2005):

> Na pesquisa "Discriminação Racial e Preconceito de Cor no Brasil", a Fundação Perseu Abramo revela que 51% dos negros declararam já ter sofrido discriminação por parte da polícia. Entre pessoas que se declararam da cor branca, esse número cai para 15%. A Fundação avaliou, com 5003 entrevistas, a discriminação racial e o preconceito de cor nos quesitos institucionais: polícia, escola, trabalho, saúde e lazer. O índice de discriminação por parte da polícia é o maior de todos.

O mito da democracia racial brasileira*, assim como o ideal de branqueamento, tem dificultado a implantação de políticas de cunho afirmativo, uma vez que impede a racialização das relações tanto no plano individual, quanto no coletivo. Tal impedimento pode ser vencido na medida em

---

* O mito da democracia racial coincide com a ideia de que o povo brasileiro é mestiço e que sofreu a mistura de três raças: portugueses, índios e negros. As teorias de mestiçagem baseadas no "encontro" das três raças ganharam força no Brasil a partir dos escritos de Gilberto Freyre. No entanto, a partir da década de 1970, sob influência de alguns sociólogos, dentre eles Florestan Fernandes, foi possível encarar essa democracia racial como um mito, uma vez que os diferentes grupos sociais existentes no nosso país não convivem harmoniosamente como se pensava.

que as identidades raciais do indivíduo e dos grupos se afirmam. Enquanto processo, as identidades se constituem de maneiras descentradas, parciais e abertas pelas diferentes forças políticas que as compõem. A produção dessas maneiras tem um efeito diferenciador nas relações de poder. O que ocorre é um jogo permanente entre as diferenças e as representações culturais que acolhem questões como identidade, raça e gênero (Hall, 1996).

Segundo Bernardino (2009):

> Uma parcela expressiva da sociedade brasileira compartilha a crença de ter construído uma nação – diferentemente dos Estados Unidos e da África do Sul, por exemplo – não caracterizada por conflitos raciais abertos. Além disso, imagina-se que em nosso país a ascensão social do negro e a do mulato nunca estiveram bloqueadas por princípios legais tais como os conhecidos *Jim Crow* e o *Apartheid* dos referidos países. Para os que imaginam e advogam a singularidade paradisíaca brasileira, isto significa dizer que o critério racial jamais foi relevante para definir as chances de qualquer pessoa no Brasil. Em outras palavras, ainda se encontra fortemente difundido no Brasil a crença de que a cultura brasileira antecipa a possibilidade de um mundo sem raças.

Tomamos como exemplo nacional o caldeamento étnico e a miscigenação*, princípios de sociabilidade vastamente incentivados pelo Estado-Nação brasileiro. Esse encontro de culturas tem sido marcado, como afirma Macedo (2006), pela "construção de ilusões de homogeneidade". O

---

* A mistura racial brasileira foi incentivada como princípio de sociabilidade e inexistência de racismo. O termo *democracia racial*, embora tenha sido atribuído a Gilberto Freyre, segundo Guimarães (2002), é de autoria de Roger Bastide.

ideal de nação e de Estado moderno foram instrumentos eficazes nessa construção, assim como a ilusão de pertencimento pela via do nascimento, que também se adequou muito bem à realidade nacional e que desperta em nós um "sentir-se brasileiro"*. No entanto, o paradigma da convivência pacífica entre os diferentes grupos raciais, a fábula do encontro espontâneo e romantizado das três raças, revelou-se uma falácia, embora permaneça em discursos hegemônicos, comprometidos com o ideário de nação.

Segundo DaMatta (1984, p. 46):

> É que, quando acreditamos que o Brasil foi feito de negros, brancos e índios, estamos aceitando sem muita crítica a ideia de que esses contingentes humanos se encontraram de modo espontâneo, numa espécie de carnaval social e biológico. Mas nada disso é verdade. O fato contundente de nossa história é que somos um país feito por portugueses brancos e aristocráticos, uma sociedade hierarquizada e que foi formada dentro de um quadro rígido de valores discriminatórios.

Ainda prevalece entre nós um dogma de que, ao discutir o racismo, o estimulamos. Para Taguieff, citado por D'Adesky (2001, p. 46), não basta a tentativa de eliminar do vocabulário o termo *raça*, numa ação antirracista, o que seria, para ele, "uma eugenia lexical negativa que crê matar o racismo eliminando a palavra." Para o senso comum, o silêncio é a saída, assim como nos diz Nascimento (2003, p. 23):

---

* A valorização da mestiçagem deu uma carteira de identidade para a parcela imensa da população que tinha "sangue negro". Essa carteira de identidade veio embalada na teoria da "democracia racial": no Brasil, o confronto entre as raças dera lugar à harmonia. Nascia o país do samba, do carnaval e do futebol (Magnoli; Araújo, citados por Vazzoler, 2006, p. 126).

No Brasil a discussão do racismo leva de forma quase inexorável à alegação do perigo iminente de constituir-se um racismo às avessas. Esse tabu costuma travar a discussão antes que ela consiga realmente começar. É o contraponto de um fenômeno que caracteriza de forma singular o racismo brasileiro: o recalque ou o silêncio. Na acepção popular, racista é quem fala do racismo ou enuncia a identidade do discriminado; a atitude não racista é o silêncio. Contudo, verifica-se que tal noção representa não apenas um equívoco como um dos pilares que sustentam a dominação, pois o silêncio configura uma das formas mais eficazes de operação do racismo no Brasil.

O racismo brasileiro é naturalizado, por isso não pode ser comparado ao de outras sociedades, uma vez que está ligado a uma estrutura hierarquizada. Para Guimarães (2005), é exatamente essa estrutura "estamental" que o naturaliza, e não a estrutura de classes como se pensava. Para combatê-lo é preciso, portanto, combater a institucionalização das desigualdades de direitos individuais. Essa modalidade do racismo brasileiro enfraquece as ações de luta contra manifestações discriminatórias.

De acordo com Schwarcz (1998, p. 95):

> No Brasil o racismo não está nas leis, não está no Estado, mas disseminado no cotidiano. O racismo não se discute entre indivíduos, mas o tempo todo entre pessoas. O responsável por essa mágica foi Gilberto Freyre que, de alguma maneira, nos anos 30, tentou transformar a nossa "grande desgraça em fortuna". Somos um país diferente porque somos mestiços. Mas o que aconteceu entre nós? De alguma maneira o racismo passou da esfera pública para esfera privada. O que ocorre é uma espécie de preconceito retroativo, como chamou Florestan Fernandes. Ou seja, vivemos uma modalidade de "preconceito de ter preconceito".

O lugar que os negros ocupam na pirâmide econômica brasileira não resulta da escravidão ou da desigualdade de classes, mas de práticas sociais preconceituosas e excludentes. Nos Estados Unidos, a segregação racial foi institucionalizada através de um sistema formal de classificação – leis antimiscigenação e práticas de discriminação residencial que separavam a vida de negros e brancos até meados dos anos 1960 (combatidas pelo movimento dos direitos civis)* –, enquanto, no Brasil, evitou-se a segregação, as uniões inter-raciais incentivadas, com base na ideologia da democracia racial. O ideal de branqueamento, presente na elite brasileira, consolidou-se através da imigração europeia, pois essa estratégia de infusão maciça de sangue branco pressupunha que o branco seria predominante nesse processo (Telles, 2003).

Conforme Hasenbalg (1979, p. 220-221):

> [...] a evidência empírica indica que os brasileiros não brancos estão expostos a um "ciclo de desvantagens cumulativas" em termos de mobilidade social intergeracional ou intrageracional. Nascer negro ou mulato no Brasil, normalmente significa nascer em famílias de baixo "status". As probabilidades de fugir às limitações ligadas a uma posição social baixa são consideravelmente menores para os não brancos que para os brancos de mesma

---

* O Movimento dos Direitos Civis nos Estados Unidos foi um dos primeiros movimentos de revitalização étnica que ocorreu em uma nação ocidental. Teve eco em todo o mundo e foi liderado pelos negros, que constituíam cerca de 10% da população desse país. Reivindicou a quebra da instituição legal da segregação e da discriminação em todos os aspectos da vida americana, incluindo moradia, albergues públicos, escolas e universidades. A reforma da escola que proporcionou aos estudantes negros a igualdade educacional foi uma grande meta desse movimento. Os negros exigiram que sua história e sua cultura fossem inseridas nos currículos e que fossem contratados professores e administradores negros, para que tivessem modelos de comportamento dentro da escola (Banks, 2006, p. 19).

origem social. Em comparação com os brancos, os não brancos sofrem uma desvantagem competitiva em todas as fases do processo de transmissão de "status".

Segundo Henriques (2002, p. 15), a educação é uma variável crucial para transformar a situação desigual em que se encontram os indivíduos de diferentes raças. E, realmente, temos assistido nas últimas décadas um crescente debate e consequente visibilidade em torno das desigualdades raciais no Brasil e no mundo. Podemos atribuir esse movimento pela igualdade racial às políticas de ação afirmativa[*], inicialmente aplicadas na sociedade norte-americana e que refletiram expressivamente em outras sociedades.

Os movimentos sociais, as ONGs e as demais instituições de luta e garantia de direitos das populações, historicamente, têm fomentado dispositivos legais, em âmbito local e global, com políticas e ações governamentais e propostas educacionais para a conquista plena dos direitos humanos, baseados em valores éticos, livres de preconceito e/ou discriminação acerca de gênero, raça, etnia, orientação sexual, geração e religião.

Assim como Banks (2006) registra as reivindicações do Movimento pelos Direitos Civis, a inclusão da história dos negros nos currículos escolares no Brasil ocorreu de forma

---

[*] A antiga noção de ação afirmativa tem, até os dias de hoje, inspirado decisões de cortes americanas, conservando o sentido de reparação por uma injustiça passada. A noção moderna se refere a um programa de políticas públicas, ordenado pelo executivo ou pelo legislativo ou implementado por empresas privadas, para garantir a ascensão de minorias étnicas, raciais e sexuais (Guimarães, 2002). O conceito de ação afirmativa pode ser encontrado em Gomes (2001, p. 41): "Um conjunto de políticas públicas e privadas de caráter compulsório, facultativo ou voluntário, concebidas com vistas ao combate à discriminação racial, de gênero e de origem nacional, tendo por objetivo a concretização do ideal de efetiva igualdade de acesso a bens fundamentais como a educação e o emprego."

semelhante. Na verdade, são inúmeras as iniciativas da sociedade civil organizadas no campo de luta pela igualdade racial no Brasil. Se tomarmos o movimento negro como referência, constatamos que sua luta se desenvolveu na pré-abolição em diferentes campos: nos quilombos, nas rebeliões urbanas e rurais, nas irmandades religiosas e em muitos outros. Mas, desde a pós-abolição e a suposta liberdade, a maior demanda desse movimento está centrada na educação da população afro-brasileira.

Confirmam essa hipótese as iniciativas históricas do movimento negro nessa direção, como a Frente Negra Brasileira (1932-1937) – o maior e mais amplo movimento negro do século XX, presente em São Paulo, Rio de Janeiro, Minas Gerais, Rio Grande do Sul, Bahia e Pernambuco –, a qual constituiu extensas turmas de alfabetização de jovens e adultos negros; e a do Teatro Experimental do Negro (TEN) que, além de criar escolas de atores, também oferecia aulas de alfabetização.

Segundo Silva (2003, p. 215-235):

> [...] A União Cultural dos Homens de Cor do Distrito Federal promoveu diversos cursos de corte e costura para empregadas domésticas e, em seu estatuto, determinava que todos os seus membros alfabetizados deveriam tomar para si a responsabilidade de alfabetizar pelo menos uma pessoa ligada aos seus quadros, garantindo, desta forma, que no futuro todos os que a ela fossem filiados, deixassem de ser analfabetos.
>
> [...] A partir de 1945, assistimos a um "Renascimento Negro" contra a discriminação racial. Para Andrews, no entanto, o que houve foi uma renovação do movimento, já que apesar do banimento da Frente Negra na ditadura Varguista, os clubes sociais

e associações cívicas continuaram a se organizar. A Associação José do Patrocínio em São Paulo, por exemplo, teria solicitado, em 1941, ao presidente Getulio Vargas, a proibição dos anúncios discriminatórios contra os trabalhadores negros. Ancoradas na esteira da democratização por que passava o país, aquelas novas organizações negras promoviam campanhas educacionais, a fim de integrar o negro na sociedade brasileira. Havia um sentimento de euforia e realização coletiva expandido pelo território nacional.

Alves, citado por Silva (2003, p. 215-235), afirma que:

> A UHC (União dos Homens de Cor) tem por finalidade manter moços e moças em cursos superiores, concedendo-lhes roupa, alimentação, etc. para que possam concluir os estudos [...] E ampla campanha de alfabetização, de forma que, dentro de 10 anos não exista um único homem de cor que não saiba ler.

A Lei nº 10.639/2003*, que altera a Lei nº 9.394/1996** e estabelece as diretrizes e bases da educação nacional para incluir no currículo oficial da rede de ensino a obrigatoriedade da temática "História e cultura afro-brasileira", atende parte do conjunto de reivindicações do movimento negro no Brasil. Também se constitui como marco nas leis educacionais a aprovação unânime, em 10 de março de 2004, pelo Conselho Nacional da Educação, do Parecer CNE/CP nº 003/2004, o qual institui as Diretrizes Curriculares Nacionais para a Educação das Relações Étnico-Raciais e

---

* Para ver a Lei nº 10.639/2003 na íntegra, acesse o *site*: <http://www.planalto.gov.br/ccivil_03/Leis/2003/L10.639.htm>.

** Para ver a Lei nº 9.394/1996 na íntegra, acesse o *site*: <http://www.planalto.gov.br/ccivil_03/LEIS/l9394.htm>.

para o Ensino de História e Cultura Afro-Brasileira e Africana. O enfoque da lei no campo curricular é político e seria, para Giroux (1997, p. 204-205):

> O reconhecimento de que as escolas são instituições históricas e culturais que sempre incorporam interesses ideológicos e políticos. Elas atribuem à realidade significados muitas vezes ativamente contestados por diversos indivíduos e grupos. As escolas, neste sentido, são terrenos políticos e ideológicos a partir dos quais a cultura dominante "fabrica" suas "certezas" hegemônicas; mas elas também são lugares nos quais grupos dominantes e subordinados definem e pressionam uns aos outros através de uma constante batalha e intercâmbio em resposta às condições sócio-históricas "contidas" nas práticas institucionais, textuais e vividas, que definem a cultura escolar e a experiência professor/estudante. As escolas são tudo, menos inocentes, e também não reproduzem simplesmente as relações e interesses sociais dominantes. Ao mesmo tempo, as escolas de fato praticam forma de regulação moral e política, intimamente relacionadas com as tecnologias de poder que "produzem assimetrias nas habilidades dos indivíduos e grupos de definirem e satisfazerem suas necessidades". Mais especificamente, as escolas estabelecem as condições sob as quais alguns indivíduos e grupos definem os termos pelos quais os outros vivem, resistem, afirmam e participam na construção de suas próprias identidades e subjetividades.

Essa nova perspectiva curricular também exige revisões profundas nos livros didáticos, silenciados e/ou reprodutores do racismo e da imagem subordinada da população negra. Evidentemente, esses estudos produzem impacto na formação, na subjetividade e na identidade da criança, negra ou branca, além de permitir que ela amplie sua visão de mundo e do outro, valorize outros saberes, crie alternativas às perspectivas eurocêntrica, capitalista, patriarcal e cristã dominantes. Entretanto, a formação e prática docente, profundamente marcada e influenciada por esses valores dominantes, agigantam a tarefa de desconstruir para reconstruir alternativas plurais que produzam novos sentidos. Esse desafio aponta para a nossa realidade, pós-janeiro de 2003, em que a lei foi promulgada. São mais de cinco anos de debates intensos, recursos jurídicos e tentativas de viabilizar a referida lei e suas diretrizes curriculares. Na verdade, esse desafio era esperado. As transformações culturais e políticas não se fazem com discursos isolados, mas com reflexão e prática. Uma das questões-chave na crítica resistente à reforma curricular era a falta de materiais e de recursos pedagógicos para o desenvolvimento desse trabalho. Mas, em resposta à demanda, surgiu recentemente uma relevante produção de material didático e de consulta bibliográfica no campo das relações raciais.

Ao ingressar na agenda política, o tema conquistou um lugar no cenário nacional e suscitou um amplo debate: desde os inconformados, descontentes com a política, considerando-a desnecessária, um verdadeiro "racismo às avessas", até os defensores aguerridos dessa proposta, os indiferentes e os críticos. Por outro lado, é crescente a produção de pesquisas no campo racial, como revelam o GT 21 – Afro-brasileiros e Educação da Associação Nacional de Pós-Graduação e Pesquisa em Educação (Anped), a Associação Brasileira de Pesquisadores Negros (ABPN) que promove os Congressos de Pesquisadores Negros, a Associação Brasileira de Antropologia (ABA), além das teses e dissertações produzidas em diferentes programas de pós-graduação espalhados pelo país, estimuladas por linhas de pesquisa criadas a partir do Núcleo de Estudos Afro-Brasileiros e Indígenas (Neabi) das universidades públicas e privadas. No campo institucional recente, tivemos a criação da Secretaria Especial de Políticas de Promoção da Igualdade Racial (Seppir), da Secretaria de Educação Continuada, Alfabetização e Diversidade (Secad), bem como das Coordenadorias de Promoção da Igualdade Racial, que, além da produção de textos, também atuam no campo político-organizacional e no apoio às causas raciais, como a dos quilombolas, por exemplo. Creio que esse momento fecundo, que deu visibilidade à temática racial e indígena, é parte desse ciclo contínuo de políticas, em que se alternam participação e influências do movimento social e institucional no cenário político nacional.

Várias universidades, através dos Neabis, oferecem cursos presenciais e/ou a distância, de extensão e/ou pós-graduação, além de produção acadêmica no campo das relações étnico-raciais. Podemos citar como exemplos a Universidade Federal Rural do Rio de Janeiro (UFRRJ); o Laboratório de Estudos Afro-Brasileiros (Leafro); o Núcleo de Estudos Afro-Brasileiros Sempre Negro (Neab) da Universidade do Estado do Rio de Janeiro (UERJ); o Programa de Políticas da Cor (PPCor); o Laboratório de Políticas da Cor (LPP) também da UERJ; a Universidade Federal Fluminense (UFF) com o Programa de Educação sobre o Negro na Sociedade Brasileira (Penesb); a Universidade Federal do Mato Grosso (UFMT) através do Núcleo de Estudos e Pesquisas sobre Relações Raciais e Educação (Nepre); entre outros. Essas iniciativas, ainda tímidas, dado o universo de alunos da educação básica e de docentes que se pretende atingir, são bem-vindas. No entanto, são insuficientes se não forem incluídas nos currículos das licenciaturas*, pois a cada ano novos profissionais chegam ao mercado educacional, muitos deles ainda despreparados para trabalhar com a questão racial.

> **Eu jogo a toalha**
>
> Tudo bem. Eu jogo a toalha e desisto da luta.
>
> Diante dos argumentos reiteradamente apresentados em editoriais e artigos de jornal, agora acredito que não há racismo no Brasil: nós, negros, é que interpretamos a história do país e os acontecimentos cotidianos de nossas vidas de forma deliberadamente equivocada, à cata de ações afirmativas que implicam em privilégios inaceitáveis numa sociedade igualitária e justa como a nossa.
>
> Assim, quando atendia à campainha em minha casa, num bairro de classe média em São Paulo, e o vendedor de enciclopédias, branco, dizia que chamasse a dona da casa, aquilo não era racismo: ele só queria falar com alguém que tivesse condições de comprar os livros que vendia. Se num pequeno entrevero no trânsito carioca, dirigindo um carro de luxo,

---

* Segundo as Diretrizes Curriculares Nacionais para a Educação das Relações Étnico-Raciais e para o Ensino de História e Cultura Afro-Brasileira e Africana, citadas na Resolução nº 1/2004 (Brasil, 2004b), esse ensino se fará por diferentes meios, em atividades curriculares ou não. As Diretrizes destacam a inclusão da discussão da questão racial como parte integrante curricular, tanto dos cursos de licenciatura para a educação infantil, os anos iniciais e finais da educação fundamental, a educação média e a Educação de Jovens e Adultos (EJA), como dos processos de formação continuada de professores, inclusive de docentes no ensino superior.

o outro motorista, branco, perguntou se a minha "patroa" sabia que eu tinha pego o carro dela, não era racismo: era uma dúvida razoável; afinal, "preto" e "pobre" são quase sinônimos. Quando, ao chegar à noite em um hotel cinco estrelas em Brasília, o gerente chamou meu marido a um canto do balcão para avisar que não permitia a entrada de prostitutas, não era racismo: era apenas cuidado em preservar as boas normas do hotel.

Começo a entender que fatos como estes são motivados pura e simplesmente pelo zelo, pelo cuidado em fazer com que tudo funcione corretamente, tudo nos seus devidos lugares e de acordo com os bons princípios que regem a vida em sociedade, coisas que não combinam com as tão conhecidas características dos negros: a indolência, a vocação para os maus hábitos, a incapacidade de raciocinar, a sexualidade excessiva e desavergonhada e a tendência à transgressão, à violência e à marginalidade.

Dessa forma, passo a ver que atribuir à implantação do sistema de cotas para negros nas universidades a responsabilidade pela queda da qualidade do ensino superior também não é racismo: trata-se de uma preocupação legítima diante dos impactos negativos previsíveis com a entrada dos negros na esfera das atividades intelectualizadas e das profissões socialmente prestigiadas e melhor remuneradas.

Afinal, a sociedade brasileira precisa de bons médicos, bons advogados, bons economistas, bons administradores e especialistas de alto nível nas áreas de tecnologia de ponta. Então, há que se preservar o sacrossanto espaço de formação das elites deste país, para que ele não seja conspurcado por quem comprovadamente só tem talento para o samba e para o futebol, mesmo que esse espaço seja mantido com o dinheiro de todos.

O importante é manter os rumos de um admirável processo de desenvolvimento sociopolítico e econômico que estará ameaçado pela concessão de "privilégios" aos negros. Para evitar tal desgraça, é fundamental garantir a universidade pública para o segmento cuja trajetória social comprova sua capacidade e competência. Afinal, o que se quer é o bom uso do dinheiro público. E, com isso, o Brasil continuará a sua marcha grandiosa, a salvo da influência nefasta dos "sem mérito".

De resto, contentemo-nos, os negros, com as profissões subalternas, mais adequadas às nossas limitações naturais, e lambamos os beiços quando usufruirmos das sobras do banquete. Estamos em uma democracia que permite que usemos as mesmas praias que os brancos, os mesmos estádios de futebol e os mesmos banheiros nos shoppings. Ainda que em favelas, podemos até morar nos mesmos bairros. Nossos retratos até saem nos jornais: se não somos 50% nas universidades públicas, somos quase 100% nas penitenciárias; se não somos banqueiros e industriais, somos a liderança do tráfico de drogas; se não somos médicos famosos ou executivos poderosos, somos a maioria dos que fracassam na educação básica; se pouco aparecemos nas novelas e nos comerciais, somos o motor do turismo sexual, nas imagens de carnaval que destacam a nudez e o rebolado das negras; se somos raros professores universitários, somos a grande maioria nas estatísticas da marginalidade e do abandono infantil e juvenil. Não há do que reclamar.

> Aqueles que, como eu – que até sei sambar, mas consegui chegar a um doutorado em universidade pública e me tornar professora universitária – são provas concretas da democracia racial, devem rezar todos os dias, aos santos e aos orixás, agradecendo a bondade daqueles que, complacentemente, nos concederam o privilégio de chegar onde chegamos.
>
> Fonte: Fogaça, 2004, p. 4.

capítulo 7

Multi/Interculturalismo em sala de aula

Podemos considerar que, entre as mais relevantes transformações no mundo contemporâneo, a afirmação da diversidade étnico-cultural é um dos traços mais marcantes. O multiculturalismo tem sido um recurso constante nesse novo contexto. No entanto, o termo *multiculturalismo* ainda permite diferentes interpretações e significados. Alguns teóricos consideram que *interculturalismo* seria um termo mais apropriado, uma visão de culturas em interação. Vejamos o conceito de Del Priore (2009):

> O termo "multiculturalismo" designa tanto um fato (sociedades são compostas de grupos culturalmente distintos) quanto uma política (colocada em funcionamento em níveis diferentes) visando à coexistência pacífica entre grupos étnica e culturalmente diferentes. [...] A política multiculturalista visa, com efeito, resistir à homogeneidade cultural, sobretudo quando esta homogeneidade afirma-se como única e legítima, reduzindo outras culturas a particularismos e dependência.

Associado ao conceito, também há um elenco de críticas à exaltação da pluralidade cultural. Quando as escolas "comemoram" pontualmente o "Dia do índio", o "Dia da consciência negra", o "Dia das mães", por exemplo, perpassam valores e percepções muitas das vezes folclóricas, verdadeiras alegorias em torno desses personagens, esvaziando de sentido social e político aquela data e ainda reforçando estereótipos.

O multiculturalismo crítico, ou perspectiva intercultural crítica, busca articular as visões folclóricas e as discussões sobre as relações desiguais de poder entre as culturas diversas, questionando a construção histórica dos preconceitos, das discriminações e da hierarquização cultural. Entretanto, o multiculturalismo crítico também tem sido tensionado por posturas pós-modernas e pós-coloniais, que apontam para a necessidade de ir além do desafio aos preconceitos, buscando identificar na própria linguagem e na construção dos discursos as formas como as diferenças são construídas (Canen, 2007).

Conforme Silva (2007, p. 85):

> O multiculturalismo, tal como a cultura contemporânea, é fundamentalmente ambíguo. Por um lado, o multiculturalismo é um movimento legítimo de reivindicação dos grupos culturais dominados no interior daqueles países para terem suas formas culturais reconhecidas e representadas na cultura nacional. O multiculturalismo pode ser visto, entretanto, também como uma solução para os "problemas" que a presença de grupo raciais e étnicos coloca no interior daqueles países para a cultura dominante. De uma forma ou de outra, o multiculturalismo não pode ser separado das relações de poder que, antes de mais nada, obrigam essas diferentes culturas raciais, étnicas e nacionais a viverem no mesmo espaço.

A realidade brasileira, assim como em outras sociedades, possui especificidades, singularidades na sua constituição. O Brasil é culturalmente heterogêneo, uma vez que se formou em meio a negociações e conflitos, hibridismos culturais em que se destacam os conflitos e interesses econômicos, colonialismos, fusões sincréticas (quase sempre violentas), perdas e reconstruções identitárias e processos de aculturação. Portanto, a aproximação simbólica entre as culturas e as trocas entre elas favorecem a perspectiva intercultural.

Segundo Candau (2005, p. 32),

a interculturalidade orienta processos que tem por base o reconhecimento do direito à diferença e a luta contra todas as formas de discriminação e desigualdade social. Tenta promover relações dialógicas e igualitárias entre pessoas e grupos que pertencem a universos culturais diferentes, trabalhando os conflitos inerentes a essa realidade. Não ignora as relações de poder presentes nas relações sociais e interpessoais. Reconhece e assume os conflitos, procurando as estratégias mais adequadas para enfrentá-los.

Os **Parâmetros Curriculares Nacionais (PCN)**, ao incluírem a **pluralidade cultural** como um dos temas transversais, expandiu o debate acadêmico e o trouxe para o cotidiano da escola (embora pareça contraditório tratar a pluralidade a partir de um parâmetro). Para Moreira e Candau (2003, p. 161),

[...] a escola sempre teve dificuldade em lidar com a pluralidade e a diferença. Tende a silenciá-las e neutralizá-las. Sente-se mais confortável com a homogeneização e a padronização. No entanto, abrir espaços para a diversidade, a diferença e para o cruzamento de culturas constitui o grande desafio que está chamada a enfrentar.

A reflexão dos autores acerca da homogeneização cultural já produz mudanças institucionais importantes, dentre as quais citamos o programa Escolas Bilíngues de Fronteira[*], definido como "um esforço binacional argentino-brasileiro para construção de uma Identidade Regional Bilíngue e Intercultural no marco de uma cultura de paz e de coopera-

---

[*] Para maiores informações, consultar o *site*: <http://portal.mec.gov.br/seb/arquivos/pdf/Escolafronteiras/doc_final.pdf>.

ção interfronteiriça", que nasceu da necessidade de estreitar laços de interculturalidade entre cidades vizinhas de países que fazem fronteiras com o Brasil. A essa iniciativa somam-se outras, com relevância àquelas voltadas para a educação escolar indígena, com o desafio de formar docentes indígenas e que tem por objetivo, conforme o Programa Escolas Bilíngues de Fronteira (Brasil, 2008):

> [...] assegurar a oferta de uma educação de qualidade aos povos indígenas, caracterizada por ser comunitária, específica, diferenciada, intercultural e multilíngue. Esta deverá propiciar aos povos indígenas acesso aos conhecimentos universais a partir da valorização de suas línguas maternas e saberes tradicionais, contribuindo para a reafirmação de suas identidades e sentimentos de pertencimento étnico.

Gostaríamos ainda de trazer ao debate a questão das políticas de imigração em diferentes países, cada vez mais severas e perseguidoras por meio de critérios étnicos, raciais, econômicos e religiosos. Enquanto no Brasil temos um contingente significativo de imigrantes, colônias e comunidades que, de certa maneira, encontraram acolhida em nosso país, o mesmo não ocorre na Europa ou nos Estados Unidos, onde existem severas leis contra a imigração. Santos (2007, p. 6-9) reflete sobre políticas de "estado de exceção", que restringem os direitos democráticos em nome de sua salvaguarda, e também declara:

Atualmente, Guantánamo representa uma das manifestações mais grotescas do pensamento jurídico abissal, da criação do outro lado da fratura como um não território em termos jurídicos e políticos, um espaço impensável para o primado da lei, dos direitos humanos e da democracia. Contudo, seria um erro considerá-la exceção. Existem muitas Guantánamos, desde o Iraque até a Palestina e Darfur. Mais do que isso, existem milhões de Guantánamos nas discriminações sexuais e raciais, quer na esfera pública, quer na privada: nas zonas selvagens das megacidades, nos guetos, nas prisões, nas novas formas de escravidão, no tráfico ilegal de órgãos humanos, no trabalho infantil, na exploração da prostituição.

[...] O muro segregativo erguido por Israel na Palestina e a categoria "combatente inimigo ilegal", criada pela administração norte-americana após o 11 de Setembro, possivelmente constituem as metáforas mais adequadas da nova linha abissal e da cartografia confusa que ela gera.

Conforme ressaltou D'Ambrosio (2001) na seguinte passagem "A terra é minha pátria, o céu, o meu teto, a liberdade, a minha religião", o pensamento cigano revela a tradição cultural desse grupo étnico, historicamente alvo de discriminação e perseguição por todo o mundo. Vítimas da Inquisição e do Holocausto, acusados de feitiçaria, escravizados, deportados e permanentemente excluídos, essa é, infelizmente, a realidade do povo cigano, ainda hoje, em muitos países. Essa minoria étnica agrega diferentes grupos com práticas culturais, dialetos e comportamentos distintos, embora predominem estereótipos generalizantes e racistas. No ano de 2006, o presidente Lula decretou o Dia Nacional do Cigano (24 de maio, dia de Santa Sara Kali, a Padroeira do povo cigano), ato de reconhecimento à contribuição desse segmento na formação histórica e cultural da nação brasileira.

Segundo Candau (2008, p. 8):

> A perspectiva intercultural quer promover uma educação para o reconhecimento do "outro", para o diálogo entre os diferentes grupos sociais e culturais. Uma educação para a negociação cultural, que enfrenta os conflitos provocados pela assimetria de poder entre os diferentes grupos socioculturais nas nossas sociedades e é capaz de favorecer a construção de um projeto comum, pelo qual as diferenças sejam dialeticamente integradas. A perspectiva intercultural está orientada à construção de uma sociedade democrática, plural, humana, que articule políticas de igualdade com políticas de identidade.

Tais iniciativas confirmam a perspectiva de que políticas universalistas e homogêneas não dão conta das diferenças e singularidades de um país com a riqueza e a diversidade cultural do Brasil*. Há uma necessidade permanente de promover uma educação atenta a essas diferenças. Entretanto, ao fazê-lo, não estamos preconizando a neutralidade, tampouco idealizando um fazer pedagógico. Somos desafiados e continuamente influenciados por conceitos e concepções de mundo que notadamente se refletem na prática.

---

* Em 10 de março de 2008, foi sancionada a Lei n° 11.645, que altera a LDB (Lei n° 9.394/1996) para incluir no currículo a história e a cultura afro-brasileira e indígena.

Diálogo intercultural

Há registro de 235 povos indígenas no Brasil. Para falar de diálogo é necessário falar com o outro, o não indígena, que, tradicionalmente, nunca escutou as vozes dos outros povos. Respeito à diferença cultural, ao diálogo inter-religioso, ético e humano. A existência humana é sempre dialogal (Leonardo Boff).

Troncos Tupi, Macro-Jê. Famílias Tupi-Guarani, Jê, Aruak, Tukano. Línguas gerais, línguas ameaçadas, línguas isoladas. Dúvidas, confusões linguísticas, influência no modo de falar brasileiro.

Pau-brasil, jatobá, catolé, palmeira, pequi, palmito, caju, ingá, carnaúba e tantas outras espécies que garantem a diversidade das matas brasileiras. A desertificação verde, ou derrubada de matas nativas para plantio de monoculturas, que destroem as culturas, é retratada por indígenas que sofrem os efeitos dessas plantações extensivas. O quadro da devastação ambiental se amplia em detrimento do lucro da indústria e do agronegócio.

Constituição, Estatuto do Índio, Direitos indígenas, autonomia, direitos violados, violência, impunidade. Apesar da discriminação, do preconceito e da falta de justiça, vozes das aldeias recitam de cor os números das leis violadas no país.

Cada vez mais conscientes de seus direitos, falam sobre a busca por mais informação e formação. E falam porque não desistem nem mesmo diante de injustiças e impunidades, como os casos dos assassinatos de Galdino Pataxó, Marçal Tupã e tantos outros.

Os rastros da violência histórica estão presentes em diferentes comunidades indígenas. De uma população original estimada em cerca de cinco milhões, sobrevivem aproximadamente 730 mil em nosso território.

Desnutrição, fome, alcoolismo, assassinato de lideranças, roubo de terras e suicídios são a realidade de diversas comunidades de Norte a Sul do Brasil. Do Nordeste, os Pankararu e Xukuru falam sobre violências históricas e recentes. E os Pataxó falam sobre o tema, presente desde a chegada de Cabral.

Para resistir a tantas ameaças, uma ferramenta tem sido fundamental para centenas de povos indígenas que sobreviveram ao massacre histórico: a organização. Em todos os grotões do Brasil há organizações indígenas. Lideranças dessas organizações ressaltam a união, projeto etnopolítico, partido indígena, entre outros temas para resistirem à discriminação e dominação.

Fonte: Adaptado de RNW, 2009.

Considerações finais

Ao chegarmos ao final deste livro, pensamos em suscitar questões para pensar, discutir e encaminhar, seja na escola, seja na família, pois onde quer que estejamos vivenciamos a diversidade e a diferença cotidianamente. Como a utopia resiste e contrasta com a realidade, prosseguimos crendo nas infinitas possibilidades humanas. Os textos abordaram temas como educação, direitos, cidadania, exclusão, preconceitos, cultura, raça, gênero, docência, todos imbricados, hibridizados e influenciados pela dinâmica social, cultural e política. Por essa razão, continuamos a entender que a educação é um dos mais importantes instrumentos de transformação social, que agrega valores, conhecimentos e informações que permitem, em grande medida, a emancipação dos indivíduos. Mas não (apenas) a da educação formal, escolarizada, mas aquela que supera dias e locais determinados, que se faz na interação com o outro, na luta por objetivos comuns, na troca de ideias e na construção de ideais.

Reconheço que estão reservadas a nós, docentes, a agigantada tarefa de responsabilidade pela formação e ampliação das possibilidades de busca e construção do conhecimento, pela qual somos responsáveis. O educador é um profissional que estabelece uma relação dialética entre o conhecimento e a prática. Dessa forma, teoria e empiria se movem e se completam. A atividade docente requer uma reflexão sobre o fazer, sobre a formação e a continuidade do aprendizado, e produz inquietações individuais e coletivas, que promovem novas atitudes que ecoam na ação pedagógica. Nesse contexto, verificamos que o professor tem sobre si paradigmas que superam expectativas. Espera-se que sua ação também se traduza em um acréscimo de humanidade (atitudes, valores e conhecimentos) sobre os alunos. Não temos receita, ou caminho certo, mas acho que poderíamos ir além do senso comum, exercitar nossa escuta, refinar nosso olhar e nossa percepção, estabelecer um diálogo permanente e aberto aos novos saberes, conceber a pedagogia como uma prática cultural, porque o conhecimento descolado da realidade não atua na conquista de aprendizagens e na consolidação de realidades mais igualitárias e solidárias. Segundo Freire (1987, p. 78), "[...] Existir humanamente é *pronunciar* o mundo, é modificá-lo. O mundo *pronunciado*, por sua vez, se volta problematizado aos sujeitos *pronunciantes*, a exigir deles novo *pronunciar*."

Atender a esses e demais desafios apontados em nossos textos requer mais que recursos públicos, vontade política. Ações macro inspiraram ações e organizações em nível local, como temos percebido. Também será necessário renovar as forças e prosseguir na luta para garantir a autonomia e a representatividade das instituições da sociedade civil, fortalecer redes de proteção social, a família e a comunidade e avançar em direção a outras possibilidades que, no nosso entendimento, incluem ainda: o empoderamento e a visibilidade positiva dos *gays*, lésbicas e transgêneros; a emancipação da mulher e a equidade de gênero; a aplicação das Leis nº 10.639/2003 e nº 11.645/2008 em nossas escolas; o cumprimento do Estatuto da Criança e do Adolescente (Lei nº 8.069/1990*); o cumprimento da Lei Maria da Penha (Lei nº 11.340/2006); políticas de ação afirmativa para indígenas, negros, portadores de necessidades especiais, mulheres e idosos; políticas para a juventude (de educação, saúde e prevenção, geração de emprego e renda, cultura e lazer) se manter na luta para ocupar espaços políticos decisórios; além da busca permanente pela paz, justiça social e preservação, valorização da vida e do planeta (ecopedagogia**). Essas e outras ações objetivam promover a equidade e o respeito e romper o ciclo de naturalização da desigualdade.

Hoje, ao olharmos para trás, ao mesmo tempo que reconhecemos conquistas e vislumbramos novas perspectivas, também nos perguntamos: Para onde iremos com tudo isso que criamos e tudo o que destruímos? Qual futuro está reservado à humanidade e ao planeta, obviamente não temos

---

* Para ver a Lei nº 8.069/1990 na íntegra, acesse o *site*: <http://www.planalto.gov.br/ccivil/LEIS/L8069.htm>.

** A preservação do meio ambiente depende de uma consciência ecológica e a formação dessa consciência depende da educação. É aqui que entra em cena a pedagogia da Terra, a ecopedagogia, a qual é uma pedagogia para a **promoção da aprendizagem** do **sentido das coisas a partir da vida cotidiana** (Gadotti, 2009).

respostas aos nossos dilemas existenciais, mas outorgamos ao tempo a tarefa de registrar os acontecimentos, as crises, os progressos, a capacidade da natureza de se reconstruir e da humanidade de se superar.

Cada um de nós vivencia o tempo de modo especial, singular, conforme nossas próprias experiências. Com a invenção do relógio, passamos a contar o tempo com rigidez, cronologicamente, e nos prendemos às suas teias e determinações. No entanto, nossos ancestrais concebiam o tempo (e muitos ainda o fazem) nos ciclos do dia e da noite, nas estações do ano, nos plantios e nas colheitas. Portanto, o tempo histórico de que nos fala Bakhtin (1997) e suas complexidades permitem-nos perceber que o que ontem era improvável hoje não o é. Assim, alimentados pela esperança e revigorados pela utopia, esperamos trilhar caminhos mais humanos e humanizadores.

Referências

ABRAMOWICZ, Anete et al. **Trabalhando a diferença na educação infantil**. São Paulo: Moderna, 2006.

ALMEIDA, Dayse Coelho de. Ações afirmativas e política de cotas são expressões sinônimas? **Revista Jus Vigilantibus**, 28 out. 2004. Disponível em: <http://jusvi.com/artigos/2444>. Acesso em: 20 ago. 2009.

ARENDT, Hannah. **Origens do totalitarismo**. São Paulo: Companhia das Letras, 1989.

BAKHTIN, Mikhail. **Estética da criação verbal**. Rio de Janeiro: M. Fontes, 1997.

BANKS, James A. Reformando escolas para implementar igualdade para diferentes grupos raciais e étnicos. **Cadernos Penesb**, Niterói, n. 7, p. 15-42, nov. 2006.

BATULI, Mirian Stanescon. **Povo cigano**: o direito em suas mãos. Brasília: Sedh; Seppir, 2007.

BERNARDINO, Joaze. **Ação afirmativa e a rediscussão do mito da democracia racial no Brasil**. Disponível em: <http://www.lpp-uerj.net/olped/documentos/ppcor/0014.pdf>. Acesso em: 29 jul. 2009.

BOFF, Leonardo; MURARO, Rose Marie. **Feminino e masculino**: uma nova consciência para o encontro das diferenças. Rio de Janeiro: Sextante, 2002.

BOURDIEU, Pierre. **A dominação masculina**. 2. ed. Rio de Janeiro: Bertrand Brasil, 2002.

_____. Capital social: notas provisórias. In: BOURDIEU, Pierre; NOGUEIRA, Maria Alice; CATANI, Afrânio (Org.). **Escritos de educação**. Petrópolis: Vozes, 1998a. p. 66-69.

_____. Os três estados do capital cultural. In: BOURDIEU, Pierre; NOGUEIRA, Maria Alice; CATANI, Afrânio (Org.). **Escritos de educação**. Petrópolis: Vozes, 1998b. p. 70-80.

BRASIL. Lei n. 8.069, de 13 de julho de 1990. **Diário Oficial da União**, Poder Legislativo, Brasília, DF, 16 jul. 1990. Disponível em: <http://www.planalto.gov.br/ccivil/LEIS/L8069.htm>. Acesso em: 13 ago. 2009.

_____. Lei n. 9.394, de 20 de dezembro de 1996. **Diário Oficial da União**, Poder Legislativo, Brasília, DF, 23 dez. 1996. Disponível em: <http://www.planalto.gov.br/ccivil_03/LEIS/l9394.htm>. Acesso em: 12 ago. 2009.

_____. Lei n. 10.639, de 9 de janeiro de 2003. **Diário Oficial da União**, Poder Legislativo, Brasília, DF, 10 jan. 2003. Disponível em: <http://www.planalto.gov.br/ccivil_03/Leis/2003/L10.639.htm>. Acesso em: 12 ago. 2009.

BRASIL. Lei n. 11.340, de 7 de agosto de 2006. **Diário Oficial da União**, Poder Legislativo, Brasília, DF, 8 ago. 2006. Disponível em: <http://www.planalto.gov.br/ccivil_03/_Ato2004-2006/2006/Lei/L11340.htm>. Acesso em: 28 jul. 2009.

_____. Lei n. 11.645, de 10 de março de 2008. **Diário Oficial da União**, Poder Legislativo, Brasília, DF, 11 mar. 2008. Disponível em: <http://www.planalto.gov.br/ccivil_03/Ato2007-2010/2008/Lei/L11645.htm>. Acesso em: 28 jul. 2009.

BRASIL. Ministério da Educação. Conselho Nacional de Educação. Parecer CNE/CP n. 003, de 10 de março de 2004. Relatores: Petronilha Beatriz Gonçalves e Silva, Carlos Roberto Jamil Cury, Francisca Novantino e Marília Ancona-Lopez. **Diário Oficial da União**, Brasília, DF, 10 mar. 2004a.

_____. Resolução n. 1, de 17 de junho de 2004. **Diário Oficial da União**, Brasília, DF, 22 de junho de 2004b. Seção 1, p. 11.

BRASIL. Ministério da Educação. Instituto Nacional de Estudos e Pesquisas Educacionais Anísio Teixeira. **Prova Brasil**. Disponível em: <http://provabrasil2009.inep.gov.br>. Acesso em: 15 jan. 2010.

BRASIL. Ministério da Educação. Secretaria da Educação Continuada, Alfabetização e Diversidade. **Educação Indígena**. Disponível em: <http://portal.mec.gov.br/index.php?option=com_content&view=article&id=12315&Itemid=817>. Acesso em: 30 jul. 2009.

BRASIL. Ministério da Educação. Secretaria de Educação Básica. Departamento de Educação Infantil e do Ensino Fundamental. Coordenação de Política de Formação. Escolas de Fronteira. **Programa Escolas Bilíngues de Fronteira (PEBF)**. Brasília;

Buenos Aires, mar. 2008. Disponível em: <http://portal.mec. gov.br/seb/arquivos/pdf/Escolafronteiras/doc_final.pdf>. Acesso em: 30 jul. 2009.

BRASIL. Secretaria de Educação Fundamental. **Parâmetros Curriculares Nacionais**: pluralidade cultural e orientação sexual. Brasília: MEC; SEF, 1997.

CANDAU, Vera Maria. Direitos humanos e educação intercultural. In: ENCONTRO NACIONAL DE DIDÁTICA E PRÁTICA DE ENSINO – ENDIPE, 24., 2008, Porto Alegre. **Trajetórias e processos de ensinar e aprender**: lugares, memórias e culturas. p. 1-12. Porto Alegre: EDIPUCRS, 2008.

_____. Sociedade multicultural e educação: tensões e desafios. In: CANDAU, Vera Maria (Org.). **Cultura(s) e educação**: entre o crítico e o pós-crítico. Rio de Janeiro: DP&A, 2005. p. 13-37.

_____. **Somos todas iguais**: escola, discriminação e educação em direitos humanos. Rio de Janeiro: DP&A, 2003.

CANEN, Ana. O multiculturalismo e seus dilemas: implicações na educação. **Comunicação & Política**, Rio de Janeiro, v. 25, n. 2, p. 91-107, maio/ago. 2007.

CARVALHO, José Murilo de. **Cidadania no Brasil**: o longo caminho. 11. ed. Rio de Janeiro: Civilização Brasileira, 2008.

CASTELLS, Manuel. **A sociedade em rede**. São Paulo: Paz e Terra, 1999a. v. 1. (Coleção A era da informação: economia, sociedade e cultura).

_____. **O poder da identidade**. São Paulo: Paz e Terra, 1999b. v. 2. (Coleção A era da informação: economia, sociedade e cultura).

CECCHETTO, Fátima Regina. **Violência e estilos de masculinidade**. Rio de Janeiro: Ed. da FGV, 2004.

COSTA, Ana Alice. **Gênero, poder e empoderamento das**

mulheres. Disponível em: <http://www.agende.org.br/docs/ File/dados_pesquisas/feminismo/Empoderamento%20-%20 Ana%20Alice.pdf>. Acesso em: 28 jul. 2009.

COSTA, Suely Gomes. Gênero e história. In: ABREU, Marta; SOIHET, Rachel (Org.). **Ensino de história**: conceitos, temáticas e metodologia. Rio de Janeiro: Casa da Palavra, 2003. p. 187-208.

CUNHA JÚNIOR, Henrique. Nós, afro-descendentes: história africana e afro-descendente na cultura brasileira. In: ROMÃO, Jeruse (Org.). **História da educação do negro e outras histórias**. Brasília: Secad/MEC, 2005. p. 249-273.

D'ADESKY, Jacques. **Pluralismo étnico e multiculturalismo**: racismo e antirracismos no Brasil. Rio de Janeiro: Pallas, 2001.

DaMATTA, Roberto. **Carnavais, malandros e heróis**: para uma sociologia do dilema brasileiro. 6. ed. Rio de Janeiro: Rocco, 1997.

_____. **O que faz o Brasil, Brasil?** Rio de Janeiro: Rocco, 1984.

D'AMBROSIO, Oscar. Vida cigana. **Jornal da Unesp**, São Paulo, ano XVI, n. 163, dez. 2001. Disponível em: <http://www.unesp. br/aci/jornal/163/geografia.htm>. Acesso em: 10 set. 2009.

DEL PRIORE, Mary. **Multiculturalismo ou de como viver junto**. Disponível em: <http://www.tvebrasil.com.br/SALTO/ boletins2002/mee/meetxt1.htm>. Acesso em: 30 jul. 2009.

DIÁLOGOS CONTRA O RACISMO – Pela igualdade racial. **Onde você guarda seu racismo?** Disponível em: <http://www. dialogoscontraoracismo.org.br/>. Acesso em: 29 jul. 2009.

FOGAÇA, Azuete. Eu jogo a toalha. **O Globo**, Rio de Janeiro, 11 ago. 2004. Primeiro Caderno, p. 4.

FONTANA, Roseli Cação. **Como nos tornamos professoras?**

Belo Horizonte: Autêntica, 2000.

FOUCAULT, Michel. **Vigiar e punir**: nascimento da prisão. Petrópolis: Vozes, 1977.

FREIRE, Paulo. **Pedagogia do oprimido**. 17. ed. Rio de Janeiro: Paz e Terra, 1987.

GADOTTI, Moacir. **Pedagogia da terra**: ecopedagogia e educação sustentável. Disponível em: <http://bibliotecavirtual.clacso.org.ar/ar/libros/torres/gadotti.pdf>. Acesso em: 9 set. 2009.

GARCIA, Sandra Maria. Conhecer os homens a partir do gênero e para além do gênero. In: ARILHA, Margareth; RIDENTI, Sandra G. Unbehaum; MEDRADO, Benedito (Org.). **Homens e masculinidades**: outras palavras. São Paulo: Ecos; Ed. 34, 1998. p. 31-50.

GEERTZ, Clifford. **A interpretação das culturas**. Rio de Janeiro: J. Zahar, 1987.

_____. **O saber local**: novos ensaios em antropologia interpretativa. Petrópolis: Vozes, 1997.

GILROY, Paul. **O Atlântico negro**: modernidade e dupla consciência. São Paulo: Ed. 34; Rio de Janeiro: Ed. da Ucam, 2001.

GIROUX, Henry A. **Os professores como intelectuais**: rumo a uma pedagogia crítica da aprendizagem. Porto Alegre: Artes Médicas, 1997.

GOMES, Joaquim B. Barbosa. **Ação afirmativa e o princípio constitucional de igualdade**. Rio de Janeiro: Renovar, 2001.

GRUPPI, Luciano. **O conceito de hegemonia em Gramsci**. Rio de Janeiro: Graal, 2000.

GUIMARÃES, Antonio Sergio Alfredo. Democracia racial: o ideal, o pacto e o mito. In: OLIVEIRA, Iolanda (Org.). **Relações** raciais e educação: temas contemporâneos. Niterói: EdUFF, 2002. p. 34-69.

_____. Racismo e antirracismo no Brasil. 2. ed. São Paulo: Ed. 34, 2005.

GUSMÃO, Neusa M. Mendes de. Linguagem, cultura e alteridade: imagens do outro. **Cadernos de Pesquisa**, Campinas, n. 107, p. 41-78, jul. 1999.

HALL, Stuart. A identidade cultural e a diáspora. **Revista do Patrimônio Histórico e Artístico Nacional**, Rio de Janeiro, n. 24, p. 68-75, 1996.

_____. A identidade cultural na pós-modernidade. 8. ed. Rio de Janeiro: DP&A, 2003a.

_____. Da diáspora: identidades e mediações culturais. Belo Horizonte: Ed. da UFMG; Brasília: Representação da Unesco no Brasil, 2003b.

HASENBALG, Carlos Alfredo. **Discriminação e desigualdades raciais no Brasil**. Rio de Janeiro: Graal, 1979.

HENRIQUES, Ricardo. **Raça e gênero nos sistemas de ensino**: os limites das políticas universalistas na educação. Brasília: Unesco, 2002.

HERINGER, Rosana. Desigualdades raciais no Brasil: síntese de indicadores e desafios no campo das políticas públicas. **Cadernos de Saúde Pública**, Rio de Janeiro, v. 18, p. 57-65, 2002. Disponível em: <http://www.scielosp.org/scielo.php?script=sci_arttext&pid=S0102-311X2002000700007>. Acesso em: 28 jul. 2009.

HOBSBAWN, Eric J. **Nações e nacionalismos desde 1780**: programa, mito e realidade. São Paulo: Paz e Terra, 1991.

HOUAISS, Antônio; VILLAR, Mauro de Salles; FRANCO, Francisco Manoel de Mello. **Dicionário Houaiss da língua portuguesa**. Rio de Janeiro: Objetiva, 2009.

HYPOLITO, Álvaro Moreira. **Trabalho docente, classe social e relações de gênero**. Campinas: Papirus, 1997. (Coleção Magistério).

IANDÉ – Arte com história. **Introdução**: a lenda de Jurupari. 8 jul. 2006. Disponível em: <http://www.iande.art.br/boletim 011.htm>. Acesso em: 21 ago. 2009.

IBASE – Instituto Brasileiro de Análises Sociais e Econômicas. **Repercussões do Programa Bolsa Família na segurança alimentar e nutricional das famílias beneficiadas**: documento síntese. jun. 2008. Disponível em: <http://www.ibase.br/userimages/ ibase_bf_sintese_site.pdf>. Acesso em: 27 jul. 2009.

INTEGRAÇÃO – Revista Eletrônica do Terceiro Setor. **Pesquisa investiga racismo no Brasil**. n. 42, 2005. Disponível em: <http://integracao.fgvsp.br/BancoPesquisa/pesquisas_ n42_2005.htm>. Acesso em: 11 ago. 2009.

IPEA – Instituto de Pesquisa Econômica Aplicada. Disponível em: <http://www.ipea.gov.br>. Acesso em: 3 ago. 2009.

JACCOUD, Luciana de Barros; BEGHIN, Nathalie. **Desigualdades raciais no Brasil**: um balanço da intervenção governamental. Brasília: Ipea, 2002.

JOFFE, Hélène. Degradação, desejo e "o outro". In: ARRUDA, Ângela (Org.). **Representando a alteridade**. Petrópolis: Vozes, 1998. p. 109-120.

KING, Martin Luther. **Eu tenho um sonho**. 28 ago. 1963. Disponível em: <http://www.fepar.edu.br/publicador/site/noticia_

txt.asp?ncod=207>. Acesso em: 4 ago. 2009.

LAR. In: **Michaelis – Moderno dicionário da Língua Portuguesa**. Disponível em: <http://michaelis.uol.com.br/moderno/portugues/index.php?lingua=portugues--portugues&palavra=lar>. Acesso em: 4 ago. 2009.

LOGAN, Harriet. **Mulheres de Cabul**. São Paulo: Geração Editorial, 2006.

LOURO, Guacira Lopes. **Gênero, sexualidade e educação**: uma perspectiva pós-estruturalista. 5. ed. Petrópolis: Vozes, 2003.

_____. Nas redes do conceito de gênero. In: LOPES, Marta Júlio et al. **Gênero & saúde**. Porto Alegre: Artes Médicas, 1996. p. 7-18.

MACEDO, Elizabeth. Por uma política da diferença. **Cadernos de Pesquisa**, Campinas, v. 36, n. 128, p. 327-356, maio/ago., 2006. Disponível em: <http://www.scielo.br/pdf/cp/v36n128/v36n128a04.pdf>. Acesso em: 28 jul. 2009.

MARSHALL, Thomas Humphrey. **Cidadania, classe social e status**. Rio de Janeiro: J. Zahar, 1967.

MATOS, Maria Izilda Santos de. Discutindo masculinidade e subjetividade nos embalos do samba-canção. **Revista Gênero**, Niterói, v. 2, n.1, p. 73-86, 2000.

MOITA LOPES, Luiz Paulo da. **Identidades fragmentadas**: a construção discursiva de raça, gênero e sexualidade em sala de aula. Campinas: Mercado de Letras, 2002. (Coleção Letramento, Educação e Sociedade).

MONTEIRO, Aloísio J. J. Para além do imaginário congelado do território e da identidade brasileira: entre memórias e tradições indígenas. In: SISS, Ahyas (Org.). **Diversidade étnico--racial e educação superior brasileira**: experiências de intervenção. Rio de Janeiro: Quartet, 2008. p. 177-196.

MOREIRA, Antonio Flávio Barbosa. A recente produção científica sobre currículo e multiculturalismo no Brasil (1995-2000): avanços, desafios e tensões. **Revista Brasileira de Educação**, Campinas, v. 18, n. 1, p. 65-81, set./dez. 2001.

_____. **Currículo**: políticas e práticas. Campinas: Papirus, 1999.

MOREIRA, Antonio Flávio Barbosa; CANDAU, Vera Maria. Educação escolar e cultura(s): construindo caminhos. **Revista Brasileira de Educação**, Rio de Janeiro, n. 23, p. 156-168, maio/ago. 2003.

MUNANGA, Kabenguele. As facetas de um racismo silenciado. In: SCHWARCZ, Lilia Moritz; QUEIROZ, Renato da Silva (Org.). **Raça e diversidade**. São Paulo: Edusp, 1996.

NAGLE, Jorge. A educação na Primeira República. In: FAUSTO, Boris (Org.). **História geral da civilização brasileira**. Rio de Janeiro: Bertrand Brasil, 1990. p. 261-291. v. 3. Tomo II.

NASCIMENTO, Elizabeth Larkin. **O sortilégio da cor**: identidade, raça e gênero no Brasil. São Paulo: Summus, 2003.

NOGUEIRA, Maria Alice; NOGUEIRA, Claudio M. Martins. **Bourdieu e a educação**. Belo Horizonte: Autêntica, 2004.

NOGUEIRA, Oracy. **Tanto preto quanto branco**: estudo de relações raciais no Brasil. São Paulo: T. A. Queiroz, 1985.

NOLASCO, Sócrates. **O mito da masculinidade**. Rio de Janeiro: Rocco, 1993. (Coleção Gênero Plural).

NÓVOA, António (Coord.). **Os professores e a sua formação**. Lisboa: Dom Quixote, 1995.

OBJETIVOS DO MILÊNIO. **8 jeitos de mudar o mundo**: o voluntariado e os objetivos do milênio da ONU. Disponível em: <http://www.objetivosdomilenio.org.br/>. Acesso em: 13 ago. 2009.

OLIVEIRA, Iolanda de. A prática pedagógica de especialistas em relações raciais e educação. In: OLIVEIRA, Iolanda de (Org.). **Relações raciais e educação**: novos desafios. Rio de Janeiro: DP&A, 2003. p. 107-143.

PARADA LÉSBICA. Disponível em: <http://paradalesbica.com.br/2009/03/lesbicas-no-poder/>. Acesso em: 2 set. 2009.

PAULA, Cláudia Regina de. Magistério, reinações do feminino e da brancura: a narrativa de um professor. In: ROMÃO, Jeruse (Org.). **História da educação do negro e outras histórias**. Brasília: Secad/MEC, 2005. p. 187-200.

PINHEIRO, Luana et al. **Retrato das desigualdades de gênero e raça**. 3. ed. Brasília: Ipea, 2008.

PINSKY, Jaime; PINSKY, Carla Bassanezi (Org.). **História da cidadania**. São Paulo: Contexto, 2003.

PNUD – Programa das Nações Unidas para o Desenvolvimento. **Relatório do desenvolvimento humano 2004**: liberdade cultural num mundo diversificado. Lisboa: Mensagem, 2004.

RAGO, Margareth. Epistemologia feminista, gênero e história. In: PEDRO, Joana Maria; GROSSI, Miriam Pilar (Org.). **Masculino, feminino, plural**: gênero da interdisciplinaridade. Florianópolis: Mulheres, 1998. p. 21-41.

REZENDE PINTO, José Marcelino de. Introdução. In: GONÇALVES e SILVA, Petronilha Beatriz; SILVÉRIO, Valter

Roberto (Org.). **Educação e ações afirmativas**: entre a injustiça simbólica e a injustiça econômica. Brasília: Instituto Nacional de Estudos e Pesquisas Educacionais Anísio Teixeira, 2003.

RIBEIRO, Daniela de Figueiredo; ANDRADE, Antonio dos Santos. A assimetria na relação entre família e escola pública. **Paideia**, Ribeirão Preto, v. 16, n. 35, p. 385-394, 2006. Disponível em: <http://www.scielo.br/pdf/paideia/v16n35/v16n35a09.pdf>. Acesso em: 27 jul. 2009.

RNW – Radio Nederland Wereldomroep. **Vozes indígenas no Brasil**. Disponível em: <http://static.rnw.nl/migratie/www.parceria.nl/especiais/do050402Vozes_Indigenas/index.html-redirected>. Acesso em: 30 jul. 2009.

ROCHA, Everardo P. Guimarães. **O que é etnocentrismo**. São Paulo: Brasiliense, 1999. p. 7-22. (Coleção Primeiros passos).

SANTOS, Boaventura de Sousa. Para além do pensamento abissal: das linhas globais a uma ecologia de saberes. **Novos Estudos**, n. 79, nov. 2007.

_____. **Pela mão de Alice**: o social e o político na pós-modernidade. São Paulo: Cortez, 1995.

_____. Toward a multicultural conception of human rights. **Zeitschrift für Rechtssoziologie**, Wiesbaden, n. 18, p. 1-14, 1997.

SAÚDE-RIO. Secretaria Municipal de Saúde e Defesa Civil. **Dados sobre as desigualdades raciais no Brasil**. 23 nov. 2007. Disponível em: <http://www.saude.rio.rj.gov.br/cgi/public/cgilua.exe/web/templates/htm/v2/view.htm?infoid=3856&editionsectionid=257>. Acesso em: 4 ago. 2009.

SCHWARCZ, Lília Moritz. **O espetáculo das raças**: cientistas, instituições e questão racial no Brasil – 1870-1930. São Paulo:

Companhia das Letras, 1993.

_____. Sob o signo da diferença: a construção de modelos raciais no contexto brasileiro. **Estudos e Pesquisas**, Niterói, n. 4, p. 67-103, 1998.

SCLIAR, Moacyr. O nascimento de um cidadão. In: PINSKY, Jaime; PINSKY, Carla (Org.). **História da cidadania**. 4. ed. São Paulo: Contexto, 2008. p. 585-588.

SCOTT, Joan. Gênero: uma categoria útil para análise histórica. **Educação e Realidade**, Porto Alegre, v. 16, n. 2, p. 5-22, 1990.

SILVA, Ezequiel Theodoro da. **Professor de 1º grau**: identidade em jogo. Campinas: Papirus, 1995. (Coleção Magistério: Formação e Trabalho Pedagógico).

SILVA, Joselina da. A união dos homens de cor: aspectos do movimento negro dos anos 40 e 50. **Estudos Afro-Asiáticos**, Rio de Janeiro, v. 25, n. 2, p. 215-235, 2003. Disponível em: <http://www.scielo.br/scielo.php?pid=S0101-546X2003000 200002&script=sci_arttext>. Acesso em: 29 jul. 2009.

SILVA, Tomaz Tadeu da. **Documentos de identidade**: uma introdução às teorias do currículo. 2 ed. Belo Horizonte: Autêntica, 2007.

_____. Identidade e diferença: impertinências. **Educação & Sociedade**, Campinas, ano 23, n. 79, p. 65-98, ago. 2002.

SOUZA, Rosa Fátima de. A militarização da infância: expressões do nacionalismo na cultura brasileira. **Cadernos Cedes**, Campinas, ano 20, n. 52, p. 104-121, nov. 2000. Disponível em: <http://www.scielo.br/pdf/ccedes/v20n52/a08v2052.pdf>. Acesso em: 28 jul. 2009.

TELLES, Edward Eric. **Racismo à brasileira**: uma nova perspectiva sociológica. Rio de Janeiro: Relume Dumará; Fundação

Ford, 2003.

TODOROV, Tzvetan. **Nós e os outros**: a reflexão francesa sobre a diversidade humana. Rio de Janeiro: J. Zahar, 1993.

UNESCO – Organização das Nações Unidas para a Educação, a Ciência e a Cultura. **Declaração Universal sobre a Diversidade Cultural**. 2002. Disponível em: <http://unesdoc.unesco.org/images/0012/001271/127160por.pdf>. Acesso em: 27 jul. 2009.

VALDES, Priscila. **Sobrevivi... posso contar**. Disponível em: <http://itodas.uol.com.br/portal/final/materia.aspx?canal=588&cod=1554>. Acesso em: 10 set. 2009.

VAZZOLER, Leomar dos Santos. **A questão racial no ensino de Geografia**. 2006. Dissertação (Mestrado do Programa de Pós-Graduação em Educação) – Universidade Federal Fluminense, Niterói, 2006.

VIEIRA, Sofia Lerche; FERREIRA, Eveline Andrade; NOGUEIRA, Joana Flávia Fernandes. **Ser professor**: pistas de investigação. Brasília: Plano, 2002. v. 2.

WAISELFISZ, Julio Jacobo (Coord.). **Bolsa-escola**: melhoria educacional e redução da pobreza. Brasília: Unesco, 1998.

Sobre a autora

Cláudia Regina de Paula é natural do Rio de Janeiro, licenciada em Pedagogia (1999) pela Universidade Estadual do Rio de Janeiro (UERJ), especialista em Relações Raciais e Educação (2002) pelo Programa de Educação sobre o Negro na Sociedade Brasileira da Universidade Federal Fluminense (Penesb/UFF), mestre em Política Social (2004) pela UFF e doutoranda em Educação pela UERJ.

Sua trajetória acadêmica, estruturada no campo das relações raciais e educação, permitiu que concorresse à bolsa de dotação para pesquisa do III Concurso Negro e Educação promovido pela Associação Nacional de Pós-Graduação e Pesquisa em Educação (Anped/Ação Educativa) e pela Fundação Ford. Como bolsista, obteve apoio para pesquisa, assim como quando participou do Projeto Meta 1 (MEC/Secad/Anped) com o projeto básico "Educação como exercício de diversidade: estudos e ações em campos de desigualdades socioeducacionais", uma iniciativa conjunta da Anped e da Secretaria de Educação Continuada, Alfabetização e Diversidade (Secad), do Ministério da Educação (MEC). Ambas as atividades de pesquisa resultaram em publicações. Recentemente, publicou, juntamente com outros autores, o livro *Diversidade étnico-racial e educação superior brasileira: experiências de intervenção*, organizado pelo professor doutor Ahyas Siss, lançado pela Editora Quartet, em 2008.

Atualmente é pesquisadora associada ao Laboratório de Estudos Afro-Brasileiros (Leafro), Núcleo de Estudos Afro-Brasileiros e Indígenas (Neabi) da Universidade Federal Rural do Rio de Janeiro (UFRRJ), onde também leciona, no curso de pós-graduação Diversidade Étnica e Educação Brasileira e atua na função de técnica em assuntos educacionais.

Os papéis utilizados neste livro, certificados por instituições ambientais competentes, são recicláveis, provenientes de fontes renováveis e, portanto, um meio responsável e natural de informação e conhecimento.

Impressão: Reproset
Junho/2021